FBI
读心术

美国联邦警察的超级心理密码

金圣荣◎编著

FBI教你看懂对方心理的另类读心术，为你
解读一眼看透人心的智慧、一举俘获人心的技巧。

哈尔滨出版社
HARBIN PUBLISHING HOUSE

图书在版编目(CIP)数据

FBI读心术：美国联邦警察的超级心理密码/金圣荣
编著. —哈尔滨：哈尔滨出版社，2011.4（2023.5重印）
ISBN 978-7-5484-0488-0

Ⅰ. ①F… Ⅱ. ①金… Ⅲ. ①犯罪心理学 Ⅳ.
①D917.2

中国版本图书馆 CIP 数据核字（2011）第023319号

书　　名：**FBI读心术：美国联邦警察的超级心理密码**
FBI DUXIN SHU: MEIGUO LIANBANG JINGCHA DE CHAOJI XINLI MIMA
....
作　　者：金圣荣　编著
责任编辑：李维娜　尉晓敏
版式设计：张文艺
封面设计：朝圣设计
....
出版发行：哈尔滨出版社（Harbin Publishing House）
社　　址：哈尔滨市香坊区泰山路82-9号　邮编：150090
经　　销：全国新华书店
印　　刷：天津市新科印刷有限公司
网　　址：www.hrbcbs.com
E-mail：hrbcbs@yeah.net
编辑版权热线：(0451)87900271　87900272
销售热线：(0451)87900202　87900203
....
开　　本：710mm×1000mm　　1/16　　印张：15.5　　字数：193千字
版　　次：2011 年 4 月第 1 版
印　　次：2023 年 5 月第 2 次印刷
书　　号：ISBN 978-7-5484-0488-0
定　　价：49.80元
....
凡购本社图书发现印装错误，请与本社印制部联系调换。**服务热线：**(0451)87900279

前言
PREFACE

随着社会科技的不断发展与国际安全形势的日趋严峻，很多国家和地区或多或少出现了一些暴力犯罪的情况。这些暴力犯罪的背后隐藏着很深的原因，有来自于国际环境的外部因素，也有来自于犯罪主体自身的内部因素。众多犯罪心理学专家认为，犯罪主体自身的内部因素是影响犯罪主体实施暴力犯罪最重要的因素。为了减少暴力犯罪的发生，各个国家从自身国情出发深入分析并研究犯罪主体实施暴力犯罪时的犯罪心理与犯罪活动前兆，从这些研究中他们找到了很多经验与体会。

FBI(美国联邦调查局)是众多对犯罪主体犯罪心理进行研究的一员，FBI结合社会环境对犯罪主体进行全面的心理研究，从而发展对犯罪主体更加全面的读心术。FBI从对犯罪主体的研究中总结出这样一句话："在国际安全形势严峻的情况下，人们首先要做到识别一个人，在对这个人持续的观察中要真正分辨出这个人的内心变化情况，只有这样，才能做到对一个人进行心理分析。"

在社会中生存的人们，无论在社会交往还是在与人办事沟通的时候，不能揣摩到这些人内心的变化情况将会给自身带来不利。人们不管是在职场还是在商场，如果不能分析出一个人心里在想什么，就不能自由驰骋于职场或商场中。基于此，FBI也把透视犯罪主体的心理作为在办案过程中不可缺少的一种办案功夫。虽然很多人都想尽快掌握这个读心技能，但是由于他们经验的有限和缺少一定的耐心，所以他们把对目标人物读心的行动最终搁浅下来。

人们在实际生活中为了有效保护自己免受别人不必要的侵害，会有意为自己穿上一层伪装服。当他们与别人交往的过程中，如果别人没有对他们进行认真细致的分析，往往会被他们的伪装服所迷惑，从而失去自身的优势。FBI认为，对一个人所进行的心理分析，为自己的工作或生活提供了便利，是人们快速获取成功的制胜法宝。而对于办案活动来说，如何快速地摸清犯罪主体犯罪的动机和心理是成功破案的关键。从长远来看，也为有效预防犯罪活动的发生提供了参考，为社会安定作出贡献。

而有些人也对读心术的运用产生了质疑。他们认为，当今国际形势错综复杂，每个人表现出来的性格特征都存在很大的不同，想要揣摩出他们的心理变化简直比登天还要难。虽然这是个事实，但是FBI还是非常乐观地看待这一切。FBI认为，世间万物都会遵循一定的规律变化，通过这些规律变化可以对人们的心理进行揣摩。当看到一个人向别人露出笑脸的时候，可以得知这个人内心是兴奋的；而当遇到一个人语无伦次、所答非所问的时候，就可以初步判断这个人或许有不可告人的秘密。

对于FBI而言，洞察犯罪主体的内心想法也被当成重要的训练科目与考核的技能。FBI会对犯罪主体进行全方位的分析与研究，从犯罪主体的心理个性与性格特征所体现出来的信息来对犯罪主体进行读心术的研究，并从犯罪主体的身体语言等方面对犯罪主体进行读心术的研究。

本书就是从犯罪心理学角度出发，对人的身体语言、性格特征等多方面进行了有针对性的分析与研究。相信读者读完此书会获取到一些有价值的信息，从中可以很容易地学到一些读心术的方法和技巧。

目录
CONTENTS

FBI的另类读心术：
发现FBI独有的心理素质

很多人都会问这样一个问题："FBI是谁？负责什么？"想要几句话就把FBI向人们说清楚不是一件容易的事情。这个自上世纪初就已经存在的机构有百年的历史，在其发展过程中由单一的打击犯罪逐渐演变成为一个维护美国司法权力的机构，它的地位在美国不断提升，并通过一些不俗的成绩得到了美国高层和民众的信服，也验证了它是具有唯一性的机构，任何机构都不能和它相提并论。人们不禁再次发问："FBI是通过什么方式取得今天辉煌的成绩的？"没错，FBI就是通过对人对事从心理学角度出发，对其进行攻心术的分析与研究，并在不断成长的过程中加大对心理学的培训与学习，才取得如今的辉煌。FBI就是通过对读心术的有效应用，而在美国社会甚至在国际中创造出一个又一个传奇的故事，在这个过程中，FBI的成就感与自豪感并驾齐驱，也充分体现出FBI在其工作中把心理学和读心术的方法运用得十分娴熟，这成就了FBI不寻常的事业。

FBI的成长之路是从对心理学方面的研究逐步开始并完善的

  FBI是美国联邦调查局的简称。联邦调查局自成立之初到其发展过程中，一直遵循三个原则，即绝对忠诚、勇敢的精神以及具有正直的本性。这三个原则在FBI发展过程中从来没有松动过，更没有改变过，这三个原则像信条一样刻在每个FBI人的心中，也是激励他们前进的动力。

  联邦调查局隶属于美国司法部，它的主要任务就是维护和支持美国法律，对社会中发生的犯罪活动予以打击和调查。为了有效打击美国本土的犯罪和一些恐怖活动，联邦调查局会积极地和其他执法机构通力合作，合作的范围包括对警员的培训和犯罪者指纹和虹膜的识别，并专门建立了犯罪研究室，这些措施为有效打击犯罪提供了平台。

  FBI管理者被称为联邦调查局局长，局长的选拔非常严格，由总统直接任命。在候选局长的选拔中，首先要考核的是他们的心理素质，他们会挑选一些心理素质强的人（例如在遇到突发事件的时候能做到临危不乱，并能迅速启动应急措施并有效解决问题的人）。在他们看来，在FBI工作，心理素质是基本的素质，只有心理素质达到标准的人，才有可能适应这份工作。所以很多人这样评价：能进入到FBI的人都是一些心理素质强的人，这些人有着比常人强好几倍的心理素质，FBI中每个人都是百里挑一的精英。这些人不仅拥有过人的心理素质，而且每个人都对心理学方面有一定的研究，他们能够准确摸清犯罪者犯罪的动机，可以从犯罪现场的蛛丝马迹中寻找到作案所遗留下来的痕迹。在常人看来，这些痕迹可能没有任何对案件起到关键作用的价值，但是FBI会从犯罪心理学的角度深度解析这些细微的痕迹，认真对比以后，往往会收获一些重大发现，从而为找出犯罪者提供了依据。经常会听到有人这样评价FBI：他们是一群敢于拼搏，忠诚于本职工作的心理学方面的精英，他们每个人不仅拥有过人的智慧，而且每个人在对犯罪心理学方面的研究都有自己独特的见解，而这是他们能够成功破获案件、抓获犯罪分子最有效的手段。

在美国社会中，如果有危害美国人民安全或者国家受到恐怖主义袭击和国外间谍渗入等情况发生的时候，一般都会有FBI的身影。当出现以上情况的时候，FBI会在第一时间内出现，在法律规定的范围内对这些犯罪分子予以调查和打击，由此来维护本国国民以及国家的利益。FBI对犯罪分子的调查过程，通常是跌宕起伏的，但是不管犯罪分子多么狡猾，最终还是会在FBI人员良好的心理素质面前露出尾巴。

"哪里有犯罪，哪里就有FBI"，这句话是对FBI办案活动最好的体现。的确，在发生恐怖袭击或者有犯罪活动的时候，FBI会全力出击，他们有一种不抓到罪犯不罢休的精神。在他们调查取证的过程中，会认真研究犯罪者的犯罪动机，他们很看重对犯罪现场细节方面的研究，在他们看来，一切可以作为犯罪证据的痕迹，哪怕是微不足道的细节也要仔细排查并作出判断。FBI的上司会告诉他们，犯罪者不是无缘无故去犯罪的，只有找到犯罪者最真实的犯罪动机以后，才能有效预防类似案件的发生。所以在对FBI成员日常的训练过程中，会把犯罪心理学作为一个非常重要的科目来学习，在学习过程中会结合一些案例来对犯罪心理学加以详细说明，这不仅加深了每个FBI成员对案件的印象，而且还可以从中得到一些启发。

从FBI发展过程来看，他们总是强化每个FBI人对心理学方面的认识和学习，在每一个案件破获以后，都会把这个案件作为教科书。联邦调查局局长在日常工作中也会加强对每个FBI成员在心理学方面的培训，经常把一些有价值的案例作为培训的教材使用，在他们看来，这些案件是研究犯罪心理学最好的参考书，对这些案例的学习能够极大地提高每名FBI成员的实战经验，为他们有效破获案件提供帮助。

FBI的每名成员都认为，犯罪者在犯罪过程中总会有一定的犯罪动机，这些动机非常多，有些人可能是对社会不满，有些人可能是对自身所处的环境存在一定的抱怨，更有一些人可能因为心理的畸形把犯罪当成是一种常态。面对纷繁的犯罪动机，如果单凭个人判断的话，就很难在案件上有重大突破，也不容易掌握犯罪者的犯罪动机。所以，关于犯罪心理学方面的研究也就成为FBI最首要的任务，这个任务不是一时的培训而是每名FBI成员必须要掌握的课程，也是他们必选的科目。当每个FBI成员掌握了心理学方面的技能时，可以极大地提高他们办案的速度，也能进一步挖掘犯罪者的犯罪动机，其他案件也可以通过个案的破获及犯罪心理学的知识，获取一定的经验，这既提高了FBI的办案水平，也为维护国家安全与国家利益作出了贡献。

当FBI抓获犯罪分子的时候，会从他们犯罪的行为以及他们的供述中了解到他们的犯罪动机。例如，当审讯一名向政府工作人员射击的罪犯时，他们能够从这名犯罪者的脸上发现一些问题。这名犯罪者脸上一直挂满了愤怒，于是FBI对他进行了审讯，可这名罪犯却不动声色，时间一分一秒地过去了，四个小时的时间里，FBI没有从这名罪犯的口中得到他的犯罪动机。于是他们从心理学的角度对这名犯罪者作了分析，由于这名犯罪者脸上挂满了仇恨，FBI猜想这名罪犯可能和被射杀的政府工作人员之间存在着不可化解的矛盾，这个矛盾发展到一定程度以后，也就演变成为这样一场悲剧。因为不能从这名犯罪者的口中得到任何犯罪信息，FBI就从犯罪者的身份出发。他们得知，这名犯罪者此前是一名从银行失业的职员，由于背负高额的房贷，希望能得到政府的救济，可政府的这名二作人员却一直以没有适合的岗位为名义推诿。这名罪犯不断地去找政府，并要求能被安排一份工作，但总是得到这名政府工作人员同样的答复。在高额房贷的压力下，这名犯罪分子终于失去了耐心，决定与政府工作人员进行谈判，可谈判的结果令他大失所望，于是他选择了射杀政府工作人员。

FBI仅仅从这名犯罪分子的心理角度出发，就对他的犯罪动机有所了解。后来，这名犯罪分子终于道出了犯罪的动机。

FBI在办案过程中，就是凭借对犯罪者心理方面的研究成功破获了一个又一个案件，破获这些案件的背后不仅有他们辛勤的努力，而且有他们对心理学方面的有效研究。从FBI多年来的发展看，对心理学方面的研究已经成为他们破获案件最重要的指导方法，也是FBI不断发展并走向成熟的基石。所以，在FBI的发展过程中，对心理学方面的研究是他们成长的根本性因素，也是他们发展的至关重要的根基。

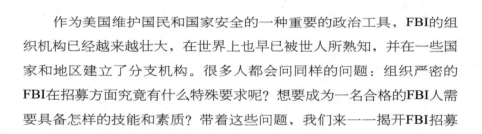

2

对FBI的招募和训练
充分融入了心理学

作为美国维护国民和国家安全的一种重要的政治工具，FBI的组织机构已经越来越壮大，在世界上也早已被世人所熟知，并在一些国家和地区建立了分支机构。很多人都会问同样的问题：组织严密的FBI在招募方面究竟有什么特殊要求呢？想要成为一名合格的FBI人需要具备怎样的技能和素质？带着这些问题，我们来一一揭开FBI招募和训练的神秘面纱。

在美国华盛顿宾夕法尼亚大街上，一幢不起眼的大楼是被披上神秘外衣的FBI的总部大楼。在这个大楼的四周布满了各种监视设备，不管你是什么身份与地位，要想进去必须提出申请并出示身份证件，在得到许可的情况下才能进入到FBI总部。这里是神圣不可侵犯的，那些试图想要硬闯的人会受到FBI严厉的制止。

FBI除了总部以外，在国外很多城市或者地区都有一定的分支机构，在每个分支机构中都会派几位特工负责。一份来自美国政府的统计数据表明：截止到2009年年底，FBI在全球范围内总共招募了三万多名成员，其中一部分是特工，一部分是管理人员，还有一部分是犯罪实验室科研分析人员。虽然FBI不会招募女性来当特工，但是在其他分支机构中还是招募了一些女性，这些女性被安排到其他工作岗位和国外分支机构。很多人都对FBI的招募方式感兴趣，那么FBI的成员是如何被招募进来的呢？其实FBI每天都会从社会中招募符合条件的人，想加入FBI的人可以在FBI官方网站上进行申请，申请的时候，要详细填写个人资料，如年龄、性别、国籍，并如实告知有没有违规记录等等。填写完以后，FBI相关人员会根据这些填写的资料认真核实，他们首先要剔除那些有过违法记录的人，在他们看来，没有违法记录才是进入到FBI的第一步。政审以后，FBI相关人员还会对应招的人提出这样的要求：身体健康、美国常住户籍、年龄在23～36岁之间的本科以上人士。在专业上他们有这样的规定：学习历史、信息技术和计算机科学的人士可以优先考虑，如果是语言文化专业毕业的人士，必须要懂得三门以上的语言才予以考虑。这些应招的人员有一个共同的特性：就是要充分了解并认同美国文化，用FBI招募人士的话说就是要具有高度的爱国情操。

如果在首次评选中被FBI看中的话，不久以后便会接到FBI的面试通知。起初在对应招者的测试过程中，不仅会详细记录他们的个人背景信息，还会检测他们的社会信用记录和对他们进行谎言测试。在接受谎言测试的时候，FBI会有专门人员向他们周围的朋友或者邻居询问关于应招者的情况。只有在这些都顺利通过以后，才能得到参加笔试的机会。很多参加过FBI笔试测试的人都认为，FBI的笔试淘汰率太高了。有幸通过这一关的人员不到总数的20%。通过这关以后并不意味着已经成为FBI的正式一员，此时他们只能在FBI实习，想要成为真正的FBI一员还要在此后的训练过程中花费很大的力气和精力。

新加入到FBI以后，首先要参加为期三个月的学习。一天中学习的时间会超过十个小时，如果遇到学习任务多的时候还要额外补课，而学习的地点会选择在美国一些海军基地。这些被选入FBI学习的人员走进基地的时候，教官每天都会不停地提醒他们想要留下必须做到最好。在课上通过"你要做到最棒，来到这里的都是精英，你们代表的不仅是自己，更代表了一个国家的形象"等对这些人进行心理教育，并让这些参加学习的人发自内心地感觉自己就是最优秀的也是高人一等的人。

　　教官在对新成员进行心理教育以后，紧接着会给他们灌输美国式的个人英雄主义思想，这样做的目的就是要让他们更加认可美国文化，提高自身的价值观。这项内容也是FBI在招募新学员时必须要学习的。当教官给新学员讲解美国历史的时候，通常会伴有肢体语言，讲到最精彩之处的时候，不仅会提高嗓音，还会手舞足蹈。一位多次参与过抓捕犯罪分子的教官经常会说起，在高速路上，面对疾驰而来的汽车，和三个穷凶极恶的犯罪分子如何赤手空拳地展开周旋并最终将他们打倒在地的经过。

　　教官对新学员进行的教育只是业余课程，但是在此后的学习过程中，会把忠诚的思想牢牢地放到学习中去。FBI认为，一名合格的FBI成员一定要拥有一颗拳拳报国之心，和一颗对国家永远忠诚的心，在国家法律许可的范围内忠诚地捍卫国家法律，并履行自己的职责，坚决打击一切与美国为敌的人，并敢于与一切黑恶势力作斗争，使国家利益和国土安全不受侵犯。教官在开始新课程的时候，总会把这样的理念传输给参加FBI学习的人，让他们明白：忠诚是FBI所不可缺少的精神。在FBI学习过程中，忠于上司也是一条不成文的规定。一位各方面素质都很过硬的男子，在参加FBI学习的时候，人们本来以为他最有可能留下来，但是出乎所有人的预料，这个人却遭到淘汰。理由很简单，他没有做到忠诚于教官，和教官发生很大的争执，当他意识到自己所犯的错误时，并没有主动承认错误，这使得教官对他产生了不好的印象。这位教官坦言道：虽然能进入FBI参加学习的人都是精英，但是这里不欢迎对教官和局长不忠诚的人，在这里你所要做的就是忠诚，忠诚，再忠诚，否则的话，就算你各方面素质都很强，你也可能是第一个离开的人。

新学员在FBI学习期间，教官会不停地向他们重复这样一句话：联邦调查局是迄今为止世界上最令人瞩目的组织，在这个组织中有非常多的精英，你们需要记住的就是：努力让自己变得更加忠诚并比别人更加强大。新学员在学习过程中会学到非常多的东西，除了日常的理论课学习以外，他们还会在一些特工的指导下学习包括射击、擒拿格斗、渗入训练、搜集情报等多方面的技能，很多新学员对FBI几乎近于魔鬼式的学习与训练方式都心存抱怨，认为联邦警察在学习或者训练方面没有体现出美国式的民主制度与人性化的管理方式。可是FBI的相关人员却不同意这种说法，他们用特种部队的训练作比较。在美国特种部队中，有一条苛刻严厉的规定，规定无论男兵还是女兵都要参加相同科目的训练，没有哪个人在训练过程中能享受到特权。而FBI却不一样，它比起美国特种部队来说，还有一点人性化的地方，规定了女兵可以和男兵采取不同的训练科目，FBI的管理层主要考虑的是女兵在生理方面与男兵存在一定的差异，以及在肢体方面不如男兵强大，力气和爆发力方面都与男兵存在一定的差异，鉴于这些因素，给予了女兵一定的空间。在训练过程中曾发生过这样一件事情，可以打消人们对FBI缺少人性化的疑虑。由于女兵手掌比男兵略小，而在射击时候用的枪把却是统一定制的，大多数女兵因为握不住枪把而影响她们打靶的命中率。FBI高级管理层意识到这个情况以后，联合军备生产企业连夜生产制造出符合女兵使用的训练手枪，不仅提高了女兵打靶的命中率，而且充分体现了FBI人性化的一面。

新学员被安排到FBI学习技能的时候，教官首先会问每人一个问题："你们来这里的目的是什么？"

"我们来这里就是为了学会技能，为保卫国家作贡献。"学员答道。

"你们知道应该怎样实现这个目的吗？"

"要一步步学习。"

"错！来到这里并不代表每个人都能留下来，你们首先要做到足够的忠诚，然后再不停地努力，只有这样，你们留下来的概率才会更大。"这几乎成为了教官们每天都要向学员说的话。

随着时间的发展与国际安全形势越来越严峻，FBI从国际形势入手，又增添了一些新的训练科目，规定学员要学会肢体语言。简单来说，就是能从犯罪分子的行为举止，哪怕是一个眼神之中发现他们的犯罪动机，并根据这些犯罪分子发出的行为信号，及时对他们予以制止与打击。这些新的课程被安排到每日必需的训练中，新学员在这项科目上所花费的时间增加了一倍，目的就是训练他们能够根据犯罪分子的肢体语言及时制止犯罪行为。一位教官结合美国遭遇的"9·11"袭击对肢体语言进行了进一步说明。此前FBI在抓获犯罪分子的时候，一般都是凭借其良好的身体素质和过人的格斗技能，但是"9·11"事件发生以后，这种简单的抓捕行为已经不能满足需求。原因就在于，犯罪分子日益成熟与狡猾，如果还是以格斗方式抓捕犯罪分子的话，犯罪分子在穷途末路时，很可能采取激进的方式。发生在美国加利福尼亚州的一起枪击联邦警察的事件就足够引起所有联邦警察的注意。这天一名联邦警察例行巡查的时候，发现不远处一名蒙面人手持木棒正在劫持一名妇女的车子，他迅速跑过去想要阻止蒙面人。在他看来，这名蒙面人除了手中的木棒以外应该没有其他武器了，但是出乎意料的是，当这名蒙面人看到他向自己跑过来的时候，迅速从上衣口袋中掏出了一把手枪，朝他射击，这名联邦警察快速地躲开了子弹的袭击，后来在其他联邦警察的帮助下才制伏了这名蒙面人。此事虽然已经过去，但是这名联邦警察却从中吸取到了教训。通过亲身的经历，他告诉同伴，在与犯罪分子交火之前，一定要看清犯罪分子的犯罪动机，并从犯罪分子的肢体语言中看出他的犯罪心理并判断出携带武器的情况，切不可盲目进行追击，只有这样才能有效并安全地抓住犯罪分子，才能有效打击犯罪分子并确保国民的安全。

训练中融入的心理学
对FBI的心理暗示作用

人们经常能从电影或者电视中看到这样的情景：一位FBI在追击犯罪分子的时候，一手握着枪，一手从衣袋中掏出一张卡片，口中大喊道：我是FBI，请举起手来！在美国现实社会中，这种情况也经常会出现。在训练过程中，FBI教官总会传递一种理念：FBI人就是人中之精英，国家赋予你们足够的权力，你们的形象就是国家的形象。在这种心理学的暗示下，联邦警察在内心深处都觉得自己就是社会中的精英，自己都要比其他人强，这也使很多联邦警察产生了高傲自大的心理，导致他们在社会中经常会出现一些笑话。

美国路易斯安那州的一天下午，联邦调查局的电话铃声打破了平静。

"你好，请问是联邦调查局吗？"

"你好，是的，请问有什么可以帮助的吗？"联邦调查局特工问道。

"我是路易斯安那州安娜路10号的一位居民，我发现我的邻居克朗在家中的地板下面藏匿了大量的毒品，请你们尽快来查清楚。"电话那头焦急地说。

"我们会尽快赶到的，请您留下详细的地址。"联邦调查局特工回答道。

"安娜路10号288房间。"

不到十五分钟，联邦调查局特工去了克朗家。他们仔细搜查了克朗家中的地板，凿开克朗家的每一块地板，经过近一个小时的搜查，他们并没有发现举报人说的毒品，于是他们无功而返。

克朗家的门再一次被敲响。

"嗨，克朗！联邦调查局的人帮你凿开了地板了吗？"

"呵呵，他们已经帮我凿开了家中的所有地板。"克朗笑答道。

"不错，他们帮你凿开了地板，节省了你装修的时间，现在该你打电话了，让他们来我家帮我的菜园翻土。"

这个笑话在美国曾经流传很久，从笑话背后折射出来的问题看，在美国社会中，凡是属于FBI职责范围内的事情，无论多么荒诞可笑，他们都会去处理。在他们看来，自己的能力总是比别人强，当别人遇到困难的时候，要以一种英雄的姿态去帮他们解决问题，这与他们在接受训练时教官向他们传输的个人英雄主义思想的心理暗示是分不开的。

FBI在办案的过程中，会通过一些高科技技术与仪器来帮助他们识别犯罪分子并抓获罪犯。在FBI总部，有一些世界上最先进的犯罪测试与侦破工具。这些仪器和工具有指纹测试仪、测谎仪、枪械轨迹测试仪、血液和脚印测试仪等。在这些仪器中，指纹测试仪是最常被派上用场的，这个仪器和总部的计算机数据中心的网络相连，它里面存储了数以亿计人的指纹，而每个指纹都存在一定的差异性，这也就为他们根据指纹信息快速找到犯罪分子提供了便利。FBI可以很方便地从这个数据库中找到符合犯罪者特性的指纹信息，整个查询的过程不会超过十分钟。有人担心指纹信息不够精准，其实这个指纹仪器能够通过激光技术，清晰地显现出附着在石头或者木头上面的指纹信息，就算是遇到采集指纹不完整的情况，他们也会在指纹数据库中通过查找类似的指纹信息找到匹配的指纹。FBI找到这些指纹以后，会根据指纹数据库中提供的人脸、嘴巴、耳朵等五官信息准确地找到犯罪嫌疑人。在美国好莱坞大片中，经常会看到这样的场景：FBI在案件证人的回忆下，一边描绘出犯罪嫌疑人的基本体貌特征，一边从指纹数据库中调出指纹信息，通过认真对比和观察，他们大致能找出犯罪嫌疑人，再通过进一步的取证，最终能够抓获犯罪嫌疑人。

1987年一个原本平静的午后，FBI接到了报警电话：美国马萨诸塞州的一条高速公路上发生了一起严重的肇事汽车逃逸事件。FBI赶到现场后，立刻采取了限行措施，并迅速保护了事故现场，及时把伤员送到医院。FBI被眼前的景象惊呆了：一辆运送货物的大型运输车和另外一辆旅游大巴车发生了严重的碰撞。满载货物的大型运输车以超快的速度，把旅游大巴车撞翻在地，车上45名乘客中有20人不幸遇难。而大型运输车的司机却没有受伤，为了逃避责任，他选择了逃逸。FBI清理完现场以后，根据证人的描述得知：这名大型运输车的司机年纪在35岁左右，身高6英尺，身穿一身褐色的牛仔服，最明显的是在右胳膊上文了一头狮子。FBI根据证人的供述，开始对这名逃逸的大型运输车司机展开追查。

追查过程是漫长而曲折的。FBI在对这名大型运输车司机进行追查的时候，根据证人的描述，他们从总部的数据库中找到8位有类似体貌特征的人，通过排除的方式又从中找出了3名类似的头像。调查进展到此，一位自称为大型运输车司机的人前来自首，声称撞车后逃逸的人就是自己。FBI发现这个人与证人描述的司机外貌有几分相似，但是FBI并没有完全相信他说的话，凭借谨慎的办案态度与缜密的思考方式，他们对这个人仍心存疑虑。他们认为，如果这名司机在撞车后便逃逸的话，不会如此快地前来自首，其次从他的眼神中丝毫没有看出内心的恐惧与不安。于是他们通过审问得知，这名声称撞车后逃逸的人只不过是个心理上有障碍的人，他在社会中经常会制造一些麻烦。这个心理上有障碍的人的出现拖延了FBI追查犯罪嫌疑人的时间。于是他们通过指纹仪器和证人的对比缩小了查找的范围，把目光放在两个体貌特征非常相似的人身上，正当他们不知如何选择的时候，接到了弗吉尼亚州警察局长打来的电话，警察局长高兴地说道："通过我们警员的调查，我们发现了你们所要找的犯罪嫌疑人。"FBI立即展开调查，并把图像发到各地。两周后，一名警察发现一个叫费特拉的人经常进出一家酒店，他的同事都认为，这个人和美国联邦调查局要找的人的面貌非常像。后来FBI赶到这家酒店，向酒店工作人员出示了证件，并要求他们提供这名犯罪嫌疑人的信息。FBI通过酒店中的监视录像得知这名犯罪嫌疑人和他们要找的人非常相似。FBI从这名犯罪嫌疑人在酒店用过的餐具上找到了他的指纹。这些物证被送到联邦调查局后，工作人员立即开始工作，一个小时后，有关人员立即做出结论：在高速公路上逃逸的司机，就是这名叫做费特拉的犯罪嫌疑人。

美国政府虽然把FBI划分到司法部的管辖范围内，但是在某些时候，FBI的局长可以直接和总统磋商，这就使FBI总是觉得自己高人一等。在FBI固有的思维意识中，总是把权力和荣誉放到第一位。FBI训练过程中也通过各种方式来对这种意识进行加深和强化。

有一位FBI成员，办完案以后到一家麦当劳店里吃汉堡。他趾高气扬地走进了麦当劳店，习惯性地把FBI特有的黑色西服脱了下来，放到了明显的位置上，然后头也不抬地对麦当劳店员说道："赶快给我来三个鸡腿汉堡，我快饿得不行了。"这名FBI以这样的态度命令着，因为在他的意识里，FBI具有很高的社会地位，每个人都是社会中的精英，在任何地方都要受到人们的尊敬与特殊的关照，因而在汉堡店也应当比别人多得到一些实惠。于是，这名FBI就耐心地坐在桌子边，等麦当劳店员把鸡肉一块块地放好，然后夹在汉堡里。可是这位FBI发现他的汉堡并不如预期的那样大，店员并没有为他继续做汉堡，而是把汉堡放在盘子里推到了他面前说："这是你要的。"

这位联邦警察很是生气，用一种严厉的语气说道："这个汉堡是我要的汉堡吗？"

"没错，这个就是你要的汉堡。"麦当劳店员肯定地答道。

这名联邦警察站了起来，从西服口袋中掏出了FBI的证件，并把它举到这名麦当劳店员的眼前傲慢地说道："我是FBI的一员，你要多放点鸡肉在我的汉堡里。"

麦当劳店员被吓住了，不知所措。虽然他对FBI有所了解，但却从来不知道FBI还有买汉堡多放鸡肉的优惠和特权。

FBI职业特点与
工作特性紧密相连

　　FBI在实际社会项目调查过程中会经常与一些社会组织或者民间团体保持紧密联系，他们通过各种方式渗入到这些重要的组织中去，通过偷偷安装窃听器和监控器的方式来搜集对他们有价值的情报，在他们认为有必要的时候，他们还会通过私拆个人信件的方式来获取重要情报。美国一位副总统曾经对FBI的调查过程作过形象的描述：他们(FBI)被赋予的权力实在是非常大，在他们认为有必要的时候，他们会潜入到私人住所或者秘密组织的内部，通过各种方式来获取对他们有价值的情报，FBI的窃听手法可谓五花八门，使人眼花缭乱。确实，FBI使用美国专门设计窃听器材的厂商生产的产品，这些产品中，有的设备性能完全超出人们的想象，它的体积可能比芝麻还要小。所以，FBI就可以很轻松地把这些设备放到衣服口袋中甚至放到自己的头发里。而通过这些精密的窃听设备和监控小仪器就可以把信息发回到FBI总部，以便于FBI各个派出人员和总部及时沟通，并接受总部下达的任务命令。

　　FBI对他们认为需要监视的对象会花费很大的力气，甚至为了能找到他们认为有价值的线索会采取24小时不间断的监听方式。而当时美国政府的一些高层人物还授意并大力支持他们的这种监听行为，这使得FBI的监听权在美国全国范围内任何时候任何地点都得到充分发挥。FBI局长也经常会对每个FBI人员灌输这样的思想：你们不仅要掌握高超的格斗技能，还要学会搜集有价值的情报，无论在何时何地都要具有这样的本领，如果谁缺少监听或搜集情报的本领，那就不是一名合格的FBI人员。就是在这种强烈心理暗示的激励下，FBI的每名工作人员都具有幽灵般的监听能力，美国政府一位高级官员曾经说过："这些FBI人员能够随时随地搜集到各种情报，在人们看不到甚至想不到的地方也能发现有价值的信息，他们和幽灵没什么两样。"在这些FBI人员看来，只要能找到对他们有利的情报，他们必然会不惜一切代价去做某件事情。

FBI人员在某些时候有非常高超的本事和技能，而且他们在执行具体任务的时候绝不会松懈下来，在他们看来，在执行具体任务的时候一定要有责任心并保持高度警惕性，所以FBI人员在外出办案的时候都随身佩带枪支。很多人认为，FBI工作人员要做到枪不离手，这样不仅可以确保FBI工作人员的安全，还可以有效打击犯罪。FBI人员对事物养成的谨慎态度是他们从日常训练中培养出来的，这些FBI人员在接受特殊训练的时候，教官给他们一再传输的谨慎思想，让他们无论在何种场合都要学会保持谨慎的态度。于是受到这些特殊训练影响的FBI人员对每一个场所都存有戒备之心。他们去超市购物或者去度假的时候都会左顾右盼，总担心有未知事情的发生，时刻保持高度的警惕性。曾经在一段时期内FBI规定他们的工作人员只能在办案期间才可以佩带枪支，这使得很多FBI工作人员都或多或少产生了焦虑心理，他们会浑身不自在，有种手足无措的感觉。这种情况尤其到了晚上更为突出，当发现自己的车在行车过程中出现问题的时候，FBI下车之前会仔细查看周围的环境，他们通常会选择在一些人多的地方停车来维修汽车。在他们看来，只有把车停到相对人多的地方才能确保自己不受其他人的袭击。一位从事FBI工作15年的人曾这样说道："虽然我们在专业训练的时候就练就了一身格斗技能和具备了过硬的心理素质，但是对于突发性事件，我们还是无法作出预知和判断，我们只能靠佩带手枪等外用护身工具来保护自己。如果没有这些保护措施的话，我们也会感到不知所措，甚至感觉危险时刻可能出现。"

FBI局长拥有权力的同时
也是世界上最危险的人物

说起FBI就不能不谈起FBI局长。在普通人看来，每名FBI成员不仅拥有过人的格斗技能与较强的心理素质，还能够快速处理一些突发事件，如恐怖袭击和街头突发的一些抢劫事件等。在这些人的眼中，FBI局长可能是一个成熟老练者，他不仅掌控着手中的权力，而且在办案方面也有自己的独特之处。

在FBI发展过程中，不能不提起一个人，这个人就是在FBI担任局长长达48年之久的胡佛。人们在谈及胡佛的时候，会把他与权力和危险两个词联系在一起。有一部分人对胡佛评价很高，认为是他维护了美国司法的威严，使FBI机构的威严性得到了最大程度的保证，在他任职的过程中，有效打击了很多犯罪分子，为维护美国社会的稳定作出了不少贡献，这些人习惯把胡佛看成是美国英雄。而认为胡佛是危险人物的人也占有一定的比例。胡佛在职期间，不仅独揽了FBI大权，在特定的时候还可以绕开美国司法部而直接和总统商议问题，这充分说明了他的权力在美国社会中得到充分的运用，更彰显出胡佛喜欢玩弄权力的本质。说他是个危险人物也不无道理，这些人把胡佛比做一个心狠手辣、目光锐利的危险人物，任何风吹草动都逃不过他的眼睛。美国国会的很多议员都不敢招惹胡佛，在他们看来，胡佛掌握着每个人的档案，他们也生怕被胡佛抓住把柄，整天在惴惴不安和恐惧中度过。而事实上，胡佛不仅掌握了每名议员的一举一动，甚至掌握了美国国务卿和总统等高级官员的一定资料，所以，在胡佛任职期间，在美国几乎没有听说有哪个议员敢和胡佛撕破脸皮。而美国普通民众也把胡佛看成是瘟神一样，不敢招惹他。

对于这位FBI局长，曾经有一位美国高层人士这样说道："他（胡佛）可以被看成是美国的枭雄，不仅拥有过人的智慧，而且拥有一颗毒辣的心。"在一次议会选举中，一名趾高气扬的国会议员认为自己能够继续当选，可是出乎在场人预料的是，当胡佛说了几句话以后，这名趾高气扬的议员马上安静了下来。一位美国国防部长与一名国会议员曾有过一段关于胡佛的对话：

美国国防部长：胡佛应当辞职，他应当离开FBI去从事其他工作。但现在，我想办到这些是不可能的事情了。或许我可以叫他来，和他好好沟通，让他主动辞去FBI局长的职位然后安排给他新的职位。如果他不愿意离开FBI，事情就难办了，而最坏的结果是他可能一直待在FBI。

美国国会议员：他会一直待在FBI，直到死去为止。

美国国防部长：在与他沟通的时候，要注意方式方法，不要企图激怒他，更应当避免让他把这件事情闹到总统那里，那样的话，对大家都没有好处。

通过这些话我们就可以看出：在对待胡佛的问题上，美国国防部长一直采取谨慎的态度，他自然想让胡佛离开FBI，但是因为胡佛手中不仅网罗了权力，更重要的是胡佛还掌握了这位国防部长的一些不可告人的档案，而这些档案一旦泄露出去的话，可能会对他带来一定负面的影响，所以美国国防部长总是小心翼翼地对待胡佛，也丝毫拿胡佛没有办法。

胡佛手里掌握有关美国国防部长的一些秘密档案可谓出乎所有人的意料。其中大多数是关于他同一些商业头领进行秘密商业交易与金钱贿赂的材料。但是关于这些秘密档案，很少有人知道被放到什么地方，只有胡佛一个人知道，此时胡佛和美国国防部长心里都明白一个道理：只要美国国防部长对胡佛稍微表现出冷落与不友好的态度，胡佛就可能把这些档案宣传出去，并和美国国防部部长撕破脸，置美国国防部长于死地。在这些档案中，有一份材料是让很多人都想不到的，这个档案的内容就是美国国防部长曾多次收受一名阿拉伯石油大亨儿子的金钱贿赂。

据称，发生这件事情的时候，这位美国国防部长在国会中还是一名负责军备采购的官员。当时的美国国防部长已经步入中年，但精力非常旺盛，他负责美国军备的制造与监督工作。一次偶然的机会，他认识了一位自称是阿拉伯石油大亨的儿子的人。二人一见，分外亲切，经过一段时间，美国国防部长和这位石油大亨之子结下了很深的交情。胡佛的秘密档案中显示：不到一年的时间里，他们几乎每隔一个月就要进行一次交流。据一位多年在FBI工作的人士说，美国国防部长同石油大亨儿子的关系曾一度引出安全问题。一位担任安全顾问的工作人员表示：阿拉伯国家的一个FBI告诉我，他看到石油大亨的儿子去见美国国防部长了。这名FBI认为，我应留意这一点，因为人们怀疑石油大亨的儿子是间谍，并且认识许多美国海军军官。胡佛的档案则证实，石油大亨的儿子同美国国防部长的交往的确引起了美国安全部门的注意。当时，美国国防部长在阿拉伯国家的活动受到监视，特工们透过他卧室的窗户，用红外线照相机对他进行拍照。在拍照的过程中，他们发现这名国防部长正在接受阿拉伯石油大亨儿子的金钱贿赂。而这些资料却被牢牢地掌握在胡佛的手中。

这名成为美国国防部长的官员在上任不久以后，美国各界发出了对胡佛工作不满的呼声，很多人都想让胡佛辞去FBI局长的职位。美国国防部长为了顺应民意，也想过免去胡佛FBI局长的职务。在一天深夜中，胡佛悄悄地来拜见他，有意向国防部长透露他和FBI刚刚发现的一份秘密报告。这份报告指出：一位石油大亨的儿子与国内某位高官之间存在一定的关联，涉及到武器运输及金钱贿赂方面的问题。石油大亨儿子的一位助手现在已经被FBI控制住，在对他的调查和审问过程中，他向FBI说出了事情的全部经过。

美国国防部长大为惊讶，他辩解自己没有利用手中的权力为石油大亨的儿子牟取利益。可胡佛告诉他，秘密情报已经牢牢掌握在自己的手中，这些情报一旦公开，美国国防部长百口莫辩，一定会受到相应的处罚。正是由于美国国防部长和石油大亨儿子之间的这种不可告人的秘密，才使得美国国防部长对胡佛无可奈何。第二天，这位国防部长发表了一份书面声明，在这份声明中他不支持议员和民众对FBI局长的指责，并要求胡佛继续留任。圣诞节期间，美国国防部长还打来电话祝胡佛节日快乐，并向美国各界公开而坚定地表达了对胡佛工作的肯定。没过多久，显赫一时的FBI局长由于疾病离开人世，这名国防部长压在心头的疑虑也消退了。但是在国会上他这样评价胡佛：他的离去是FBI的一大损失，自他任职期间，他为FBI带来了希望，他是FBI的领军人物，在工作过程中，他认真负责，作为FBI的局长，胡佛先生拥有赤诚的忠心、卓越的能力和非凡的奉献精神，无人可比。可以说，在他生活的年代里，他是一个传奇，在美国他也是个传奇人物。

从这位具有传奇色彩的FBI局长的工作中可以看出，他是一个掌握美国生杀大权的人物，任何事情只要被他抓住把柄，他就会尽一切力量把事态扩大到最大。他在对FBI培训的时候，把心理教育放到了第一位，他要求所有联邦警察要做到效忠于他。如果在训练过程中他发现某名联邦警察总是抱怨训练的辛苦并对他作出不恰当的评价时，他会坚决把这名联邦警察逐出FBI的队伍，如果事态严重的话，甚至可能对这名联邦警察采取一定的措施。很多联邦警察都非常惧怕这位严厉的局长，在他们看来，他就是一个危险人物。在政治上他可以不受美国司法部的管束，而直接和总统等高级官员面谈，在某些情况下，有些高级官员也会对这位FBI局长敬畏三分。

很多联邦警察至今还记得在他们第一天参加FBI培训的时候胡佛局长说的一句话：来到这个赋予你们权力和义务的地方，会有很多意想不到的事情发生，你们需要快速成长起来，因为在这里没有弱者，只有强者。如果某个人没有跟上节拍的话就一定会被无情地淘汰出局，只有做到对国家的忠诚和经过自己的不懈努力，才能在这里实现你的理想。胡佛就是通过这样的心理暗示培养出一批又一批的联邦警察。

6

FBI在调查取证期间
充分应用了心理学

FBI一直遵守严格的训练，并通过学习心理学方面的技能，准确找出案件的线索。FBI的实际调查取证过程同样也是严格的，并广泛运用心理学的知识。FBI通过攻心术可以及时发现犯罪嫌疑人的问题，并及时作出相应的判断，找出解决问题的方法。

FBI训练有素，他们非常善于从心理学的角度来对案件进行分析。他们认为，从心理角度对案件进行分析可以提高抓获犯罪分子的速度，不仅能够提高工作效率还可以捍卫国家司法主权。从他们多年来调查取证的经验来看，他们擅长通过对犯罪分子心理的分析和研究找出案件的根本原因，这种方法使他们的工作效率得到了提高，在调查取证的时候也更有针对性。

FBI在对犯罪分子调查的过程中，不仅使用一些必要的调查工具和测试工具，还会借助于一些比较高深的方法，这些方法就是根据被调查人所表现出来的一些信号对他们作出判断。被调查人反馈的信号可以作为FBI重要的参考证据，这些方法的有效性也得到了FBI的验证。首先，当FBI在与被调查人沟通的时候，会从被调查人的话语中得出答案。一般情况下，犯罪嫌疑人在作案以后往往不会主动说出自己的姓名和家庭背景等信息。FBI通过多年的研究发现，当犯罪分子犯下错误的时候，不仅会逃跑到很远的地方，还会对自己的身世避而不谈。当有人问及他们的姓名和家庭情况时，他们显得非常紧张，要么不做出任何回答，要么胡乱编造一个姓名或家庭。在普通人的眼中也许可以侥幸逃过，但是在FBI眼中他们就没有那么幸运了。当FBI问及这个人的姓名及家庭情况时，可以很清楚地看出这个人是否存在说谎的嫌疑。当被FBI问到姓名、住址之类的问题时，犯罪嫌疑人往往会表现出慌乱的表情，他们反复说着一些语无伦次的话，这样就可以初步判断他们存在一定的嫌疑。FBI曾经对美国一位高层进行过调查，这名高层由于陷入桃色事件而受到FBI的调查。在询问他的时候，这名高层丝毫不承认与桃色事件有关，桃色事件的当事人的名字或者一些其他信息也是只字不提。

面对狡猾的被调查人，FBI还会采用这样一个办法，这个办法就是每隔一段时间不停地问被调查人同样一个问题，在此期间观察被调查人的言行举止。FBI在第一次问被调查人问题时，狡猾的被调查人可能还不能露出马脚。此时不要着急，隔一段时间以后FBI会继续问被调查人同样的问题。当被FBI问了一遍以后，被调查人会产生侥幸的心理，他们有这样的想法：我已经摆脱了他们的询问，不用再担心什么了。其实不然，FBI就是通过这样的方式对被调查人实行一种测试。他们认为，第一次询问时，被调查人会说出事先编好的谎言，此时的谎言在一般人看来可能天衣无缝，但是这只是FBI故意使用的心理战术。当被调查人放松的时候，FBI会继续问他们同样的问题，只是在表达方式上有所不同。在这个时候，被调查人会被FBI突如其来的询问弄得摸不清头脑，他们中的某些人可能会大发雷霆并不予回答，有些人可能会无意识中说出了事情的真相，此时这部分人会说："既然事情已经到了这一步，我还是向你们说出真相吧。"而对于那些勃然大怒，甚至想作最后反抗的犯罪嫌疑人，有经验的FBI也能从中洞察出这些被调查人的异常，并开始对他们采取下一步的行动。

FBI发现，让被调查人指认他们作案时遗留下来的证据时，他们表现得非常烦躁并开始大喊起来，语调突然提高，情绪激动，FBI根据这些判断出他们的心理防线已经遭到破坏，正在进行最后的反抗。很多时候，FBI也可以通过对犯罪者表情的观察得知他们有没有在撒谎。科学家研究表明：一个人表情会随着外部环境和人为因素的影响而改变。FBI提供了一份关于美国副国务卿被调查时候的影像资料，在这段影像中，FBI调查人员对这位美国副国务卿进行讯问的时候，当被问及一个和他有关联的人的姓名及图片的时候，只见这名副国务卿眉毛略微地动了一下，但很快又恢复了平静。接下来的讯问过程中，这名副国务卿曾出现了好几次这样的情况。FBI由此判断出这位副国务卿隐瞒了什么，于是在接下来的工作中采取同样的办法迫使这名副国务卿说出了事情的真相。

更为有趣的是，FBI通过多年的办案经验得知，人在说谎的时候，不仅可以从面部表情中察觉出他的异常，还可以通过受讯问人的鼻子看出一些端倪。他们认为，当人在有意隐瞒事情的时候会下意识地去抓鼻子。他们发现，某些人只要说谎，鼻子就会增大，而有些人在撒谎的时候，鼻子连同脸颊会通红，从远处就可以看到他们的这种变化，然而普通人并不会留意这些变化，但是FBI会从这个看似微妙的变化中判断出这个人没有说实话。

美国一位在FBI工作长达30年的有着丰富经验的FBI，通过自身实际经验向其他FBI不停地传授着攻心术方面的内容，并把一些方法编著成教科书发放给每个FBI，他教导其他FBI如何透过眼神、肢体动作来看透要调查人的内心世界，并及时准确抓住这些犯罪分子的心理，尽快突破他们的心理防线。

第二章

FBI必修的心理课：
联邦警察教你破解
身体语言

　　FBI经常会说："在实际办案过程中，可以从对方外在的身体语言中读懂他们的内心世界，这种方法非常有利于我们破获疑难案件，因此，我们会把如何通过身体语言来破解内在信息作为FBI重点培训的教程。"在实际办案中，FBI会把破解身体语言作为每名FBI必须掌握的心理课程，并通过从某个人外在的身体特征，如手臂、笑容、面部表情、握手动作、脚部信息等多个角度对这个人进行分析，从这个人表现出来的外在的身体信号破解出他内心的真实想法。

FBI通过音容笑貌揣摩
出对方复杂的内心变化

笑容是人类普遍存在的一种表情变化，也是人类情感和内心变化最直接的表达方式。笑容是人类与生俱来的一种非语言行为。笑容具体是在何时出现的还是个未知数。有研究者认为，笑容这一行为产生于灵长类祖先。通过研究，他们发现很多动物受到外界环境的刺激后，便会产生类似于人类的笑，这也许就是这些动物所表现出的独特的笑。

FBI也坦言道：在日常生活中会有一些事情令人们发笑，这些笑容的背后蕴藏了人类丰富的内心世界。笑伴随着人类的发展，也发展成为一种解读人类内心世界的工具。

笑还可以通过外界的身体触摸而引发。当对一只黑猩猩或者其他小动物进行抓痒测试的时候，它们会发出一些声响，这些声响可以被认为是这些动物发出的笑。

FBI认为，笑产生的本质是出现了令人高兴的事情。当人们还是孩童的时候，他们很少会产生烦恼，他们在父母的照料下衣食无忧，丝毫没有生存的压力，他们的笑容也是最纯真的，更是发自内心的。可是当他们长大以后，面临的问题也接踵而来，升学与就业等多种问题困扰着他们。此时他们感觉到压力的存在，产生的笑也远远没有孩童时代的多。有的时候会产生出一些笑，但是这些笑中会掺杂一些虚伪的成分，如为了促成一单生意，在客户面前表现出牵强的笑；当遇到竞争对手的时候，对方会向自己投来不怀好意的笑等等。

FBI通过多年的经验总结出，笑有很多种。有会心一笑，有挚友之间诚挚的微笑，有竞争对手不怀好意的奸笑，有下属对自己虚伪的笑等等。每一种笑的背后都反映出这些人的内心世界。通过这些笑，可以很直观地揣摩出这些人内心世界的真实想法。

人们的面部蕴涵了丰富多彩的表情，而笑是首先呈现在脸部的表情之一。笑是最直观的也是反映人们内心世界最重要的因素。由于人们个性和所处环境的不同，表现出来的笑也会存在一定的不同。在商务应酬中，他们脸上会堆满虚伪的笑，为的是能够实现自己的目的；在老朋友的聚会中，他们会表现出非常真挚的微笑，把自己最真诚的微笑留给朋友。从这些人微笑时候的表情动作来看，脸上挂满虚伪笑容的人嘴角不会放得很大，而是紧闭着双唇，笑是他们勉强装出来的；而真挚的微笑通常是发自内心的开怀大笑，笑的时候嘴巴张得很大。

结合实际经验，FBI总结出一套通过笑的方式揣摩人的性格特征的方法。喜欢开怀大笑的一般是性格比较开朗、心胸开阔的人；笑声非常高的是自以为是、想出风头的人；在与别人交谈过程中，喜欢用手来掩饰自己笑的，是一些言行比较谨慎，性格比较温婉的人；用鼻音来代替笑的人都是一些不尊重别人的人，与他们相处的时候不会感觉到对方的真诚。

很多人与陌生人交谈的时候，往往会表现出一种典雅的微笑。如果他们在交谈的过程中产生了共同的话题，他们的言语将不断增多，笑容也不断增加。当谈论的话题进行到最高潮的时候，两个人可能会开怀大笑，而这种开怀大笑完全是内心最真实的表达，丝毫没有掺杂虚伪的成分。由此可见，两个人从刚开始的会心一笑到发自内心的开怀大笑，经历了一段内心世界的沟通，并产生了共鸣。难怪FBI经常说：微笑代表了人们内心世界的情感，而开怀大笑是内心情感高度集中与高度兴奋的表现形式，这种信息传递给人们的不仅是个人外在表情的变化情况，更是内心世界不断变化的结果。

研究发现，那些不苟言笑的人都是一些行为谨慎、思想成熟并能受到人们尊重的人。比如上司与下属之间，没有哪个上司会不停地和下属大笑，他们总是很理性地处理好与下属的关系，很少与下属开怀大笑。他们能够控制住自己的表情，虽然有时候事情本身可能会令人发笑，但是他们还是会刻意保持自己严肃的一面，并控制自己内心的情绪，为的就是要维护在下属面前的威严。而在生活中，那些不善于笑的人往往是遭遇了一些烦恼，总是板着一张表情僵硬的脸。

其实在很早以前人们就发现，女性微笑的次数要远远多于男性。原因就在于，男性与女性在社会中扮演的角色不同。男性更多的是以一种强者的身份出现，而女性更多的是处于一种屈从的地位。为了讨好男性，女性要微笑得多一些；男性为了维护自己强势的地位，却有意回避微笑，在他们看来，这不仅树立了自己威严的一面，还可以在女性面前一直保持这种强势的地位。

不同的微笑蕴涵了丰富的内心世界的变化情况，通过这些可以更加直观地了解一个人，并解读出微笑背后真正的意义。FBI通过多年的观察与研究，总结出以下微笑方式背后的真正内涵。

（1）抿嘴笑可以理解成是一种最常见的笑，它最直接的表现就是向后伸展的嘴唇紧紧闭在一起。

这种微笑的背后是一种潜在的拒绝。这种方式的笑不容易使人揣摩到对方的心理，对此发问的人会非常被动。这种笑的方式在女性中非常普遍，比如她们称赞某一个人或某一件事情的时候，如果当她们说完话以后采用了这个笑，那么她们内心深处的真实想法可能与之前所说的话存在一定的差异，只是她们善于隐藏罢了。FBI建议，当遇到抿嘴笑的人的时候，事先要提高警惕，通过他们说话时候的言行举止判断他们所说的话，不要被他们的话所蒙蔽，更不要期望能从他们的话语中得到一些有价值的信息。

（2）一种被称为阴阳笑的微笑方式：一张脸上会出现两种不同的表情，一方面这个人会把微笑留给别人，他们笑得非常灿烂；而另一方面又会出现紧皱眉头的情况，好像阴冷的冬天一样。

通过这种表情可以看出，这个人具有的特性是阿谀奉承、唯利是图。当他们遇到比自己级别高或者比自己地位高的人的时候，就经常表现出这种微笑方式。FBI认为，这样的人在与人处事的时候会表现得非常老道与狡猾，他们善于观察人的一举一动，并根据这些人表现出来的信息来揣摩他们内心世界的变化情况。

（3）一些人在笑的时候只是简单的微笑而不会做出任何声响。

FBI认为，这种人具有保守和谨慎的性格特征。这种人的性格不仅是内向的，还是感性的。他们在任何时候都会表现出这样的特性，个人情感也非常容易受到其他人的影响。这些人一般都具有童话故事情节，并且会按照自己的理想一直追寻下去。他们胆量非常小，经常会因受到外界环境的影响而改变自己的主意。

（4）还有一种人在笑的时候会断断续续，他们的笑声不是自然的，其中好像掺杂了其他的东西。

在FBI看来，这种人是不真诚的，他们与人交往的时候会表现得非常物质与势利。当他们不愿意付出自己的劳动，而是期望能从别人身上得到一些实在的利益，当他们没有得到的时候，会表现出冷冷的笑，这种笑给人一种极其不舒服的感觉，让别人感觉他们就是一群想不劳而获的人。所以这种人通常不会找到真正的朋友，也很少能得到别人的帮助。

有一位联邦警察列举了这样一个案例：

美国一个知名的投资银行，在短短不到一个月的时间内丢失了近100万美元的资产。该行行长通过查看银行间业务往来，并没有发现异常。FBI对该行业务交易清单调查的时候也没有发现异常，他们怀疑是银行的业务数据遭到了篡改。想来想去，他们把负责该行所有资产管理的人都找了过来，并对他们进行了讯问，但是没有得到有价值的线索。正当FBI一筹莫展之时，该行行长提供了一条信息：在半个月之前，一名叫做保尔·罗丝的银行数据库工程师对该行的数据系统进行了升级与维护。于是FBI找到了这名数据库工程师，并对他进行了讯问。FBI认为他的疑点很多，首先，这名数据库工程师是唯一掌握银行数据库信息的人，并且在事发当天行长怎么也联系不上他。再者，这名工程师在面对FBI的时候，他的表情露出了一丝破绽。面对FBI的讯问，这名工程师对FBI表现出虚伪的笑，而在同时也可以看到他对FBI不满的情绪和非常烦躁的一面。于是FBI对其进行了更加深入的调查与观察，通过观察，FBI得知，这名数据库工程师存在很大的作案嫌疑，经过耐心的劝说，这名数据库工程师向FBI承认了他就是修改银行数据的那个幕后黑手，丢失的100万美元也是被他转移走的。

FBI能够从被调查人的音容笑貌中获取很多有价值的信息。一次，联邦警察对一名欲在闹市区纵火的犯罪分子进行了调查，由于联邦警察处理及时，这名犯罪分子的纵火行为并没有得逞。这名犯罪分子是个年纪只有12岁的小男孩，当联邦警察讯问他为什么去纵火的时候，这个小男孩给出了一个令人哭笑不得的答案："我是个非常孤独的孩子，父母经常不在我身边，我纵火就是要让他们知道我的存在，只有这样他们才会回来看我。"

"你的父母不关心你吗？"

"在我很小的时候，他们还经常在我身边照顾我，我爸爸经常会带我到游乐园去玩。"小男孩说到这里不由得笑了，仿佛他是天底下最幸福的孩子。联邦警察也通过小男孩的表情判断出这是他情感的真实流露。

"那以后呢？"联邦警察问道。

"他们为了自己的事业很少回家，更没有时间陪我了。虽然他们为我准备了好多必需的生活用品，但是我希望他们能抽出一些时间来陪我，可是他们总是以没有时间为由拒绝我的请求。当我看到同学们的父母去学校接他们的时候，我心里非常不好受。为了能让父母回到我身边，我想到了纵火，这样的话他们就会回来。"此时联邦警察发现小男孩的脸上挂满了忧伤。

在接下来的调查中，联邦警察联系了小男孩的父母，希望他们能抽出一些时间来陪陪小男孩。当小男孩得知父母有时间陪他的时候，高兴得大笑起来。

手部小动作与手势的
变化体现了内心的变化

人类的手被认为是最灵巧的身体部位，人身体中的某些肌肉在控制着手，使手能够灵活地运动并做出各种细致的动作。当人们受到外界环境刺激的时候，由于大脑皮层受到紧张的刺激，神经递质和肾上腺素之类的激素激增，此时人通常会通过手来传递一些紧张或者幸福的信号。

FBI认为，当犯罪嫌疑人看到或者听到令他们吃惊的事情的时候，他们的手部会发生变化，尤其是向他们说出熟悉的名字或者事物的时候。发生在美国西雅图的一起凶杀案件就体现了这一特点。当时，FBI正在审问一名男子。FBI对这名犯罪嫌疑人只是怀疑，没有证据，也没有任何目击证人。FBI观察到这名犯罪嫌疑人向警察要了一支香烟，然后吸了起来。当FBI提到一个与案件有关的人的名字时，这名犯罪嫌疑人手中的烟抖了一下。FBI继续提了很多名字，来测试这名犯罪嫌疑人的反应。结果，这种现象再也没有出现过。但是，每当提到与案件有关的人时，那个人的烟都会颤一下，这样的情况重复了四次。这是大脑对威胁的边缘反应，它告诉FBI，那个人感到了与案件有关的人的威胁。FBI敢断定，这名犯罪嫌疑人做过违法的事。

最终，这个人承认，自己就是这桩凶杀案件的主犯。

FBI不会简单地将手的变化作为判断案件的唯一标准。在观察手的变化过程时会结合现场环境而定。手开始抖动的时候通常是心理上的安慰，如果还用手去触摸鼻子或其他身体部位，那么就说明了这个人内心深处的惶恐不安。需要一提的是，虽然手的抖动可以反映出很多信息，也可以判断某些人的非语言行为，但是，并不是对所有人都能通过手来查看出其内心的变化情况。比如患有神经性疾病的人是反映不出任何情绪变化的，还有，长期服用咖啡因、酒精或其他刺激性药物的人的手也都可能会抖动。

FBI多年的经验发现，如果一些人备感自信，他们的手部动作也表现得非常自信。有一种类似于高塔的手部动作，这种动作体现了一个人高度的自信心。做这个动作时，双手手指张开，然后做出类似高塔的动作，但是十指并不交叉，手掌也可能互不接触。这个手部动作向人们传递了一个非常自信的信号，能让人准确地知道一个人对某件事的认识与看法。比如，在战场上，将军可以用高塔式的手势对士兵强调一些命令，表示这名将军对自己所说内容的高度肯定。在实际办案过程中，周围的环境是不断变化的，FBI对周围事物的反应也会相应地变化。FBI认为，一个人可能会先做出高塔式手势，经过一段时间，这些人的手势开始有所变化，当被问到敏感问题的时候，他们的自信心也会受到一定的影响，最后又回到高塔手势，这反映了一些人自信的过程会反复重复下去，内心的思想也在不断地变化。但是在做高塔式手势的时候，手一定要靠上举，FBI认为只有这样才能表现出高度的自信心。

人经常会竖起拇指。竖起拇指通常被看做是高度自信的非语言行为。FBI发现，竖起拇指这种动作还与人的社会地位与内心变化情况有关联。FBI经常会拿一名叫做撒里斯的被调查人举例。这名被调查人经常把手插在上衣口袋里，拇指却露在外面，在面对FBI的时候表现得非常平静，他非常自信，认为没有什么事情是自己解决不了的。FBI认为，那些无论是在商场中还是在仕途中有成就的人士，他们表现得都非常自信。不难发现，他们在与人握手的时候，另外一只手的拇指永远露在外面，以此展现了自己自信的一面。在某些情况下，如果一个人双手十指交叉在一起的话，表明他们缺少一定的安全感，但是，当拇指向上伸直时，就得到了另外一种答案。FBI通过这些信号便可以判定，这些手势的背后一定蕴藏着内心某种真实的想法。

FBI就曾经遇见过这样的案例，当他们向被调查者讯问的时候，被调查人开始为自己作强有力的申诉，并不时地用高塔式手势加以强调，但是，当FBI揭穿了他的谎言以后，这名被调查人便会立即把拇指迅速伸进口袋，以掩饰他内心的惶恐不安。

FBI通过相关研究表明，那些善于在别人面前说谎话的人与那些诚实的人相比，会刻意减少运用手势来表达自己的内心世界，FBI把这种行为称为被冻结的双手。FBI解释道：这种行为是受大脑边缘系统的影响，与边缘反应保持一致，它是人大脑中最真实的信息表达，甚至比人的语言更真实可靠，可以从一个侧面反映出某个人是否在说谎话。讯问调查人的时候，FBI会尽力确认被调查人是否在说谎。虽然被调查人会用手臂和面部各种动作加以强调，但是说谎者的表现与那些没有说谎的人表现完全不同。FBI接到一位男士报案说，他一周大的儿子被前妻劫持了，事件发生在芝加哥一处别墅里。FBI仔细观察他的一举一动，觉得他疑点很多。按照常理来说，这名男子在讲述可怕的劫持事件时，应该表现得焦虑与不安，同时身体也会表现出一些激烈的动作语言。但是这个男子却表现得非常平静，也丝毫没有一丝的忧虑，他的这种表情和动作引起了FBI的怀疑。最终，这名男子承认他是出于对前妻的怨恨，想诬陷前妻绑架孩子。FBI通过这样的方式揭穿了他的谎言。

FBI认为，人在遇到意想不到的重大事件的时候，会把手指紧紧扣在一起。他们认为只有这样才能得到一些安全感。有些人把手放在下巴的下面，此时他们更像在祈祷。在这个过程中，如果双手手指交叉越紧、紧扣的力度不断在增大，那么这些人面部表情也会发生变化，有些人手脚和面部可能变得通红，甚至某些区域还会出现不同程度的变化。

联邦警察举例说道：

如果某个地区出现了自然灾害，受灾家庭的亲属都会密切关注亲人的生命安全情况。他们从电视中看到救援队伍对受灾群众实施救援的时候，都会把手指紧紧地扣在一起。在这个过程中，你能深深感觉到受灾家庭亲属们紧张的情绪，当他们听到积极新闻报道的时候，手指会放松一些，而当他们听到消极报道的时候，他们的手指会紧紧地扣在一起，并不停地握着双手，他们内心是不安的也是惶恐的。当对某事产生怀疑或感觉到有压力的情况时，人们通常会用一根手指轻轻摩擦另一只手的手掌，这个过程会一直持续下去。但是，如果形势发生大的转变或者变得更加严峻的时候，他们的手指动作就会突然变得非常频繁，双手不停地交叉摩擦。双手交叉是内心挣扎的一种表现。FBI在很多讯问中都曾见过这种手势，尤其是在一些关系到被调查人切身利益的讯问中。当FBI向被调查人讯问某个极其微妙的问题的时候，被调查人的手指就会向上伸直，然后手会上下不停地搓动，FBI断定，被调查人一定在刻意隐瞒着某些问题。

只要你注意观察，不难发现，手总是能把你的视线带到颈部。那些说谎话时会用手抚摸颈部的人，其实是在告诉FBI，他们并不是十分自信，或者试图努力释放自己内心的压力。FBI也坦言，在办案过程中，已经记不清自己到底遇到过多少次类似的情况。对此，FBI还讲了这样一个笑话：一次，一位FBI和一位朋友在外面吃饭的时候，一位妇人形色匆匆地从一旁走过，她的一只手放在脖子上，而另一只手则拿着一部手机。当那位妇人打完电话走出饭店以后，这位朋友对FBI说："我敢断定这个妇人有很多疑点，她可能与一起敲诈案有关，你有必要对她进行调查。"FBI笑了笑。事实表明，这位妇人是着急回家照顾孩子才行色匆匆的。

被调查人手部动作在遇到一些突变的时候，会发生突然转变，这也说明被调查人的思想和内心世界发生了一定的变化。一对夫妇将各自的手远离桌面的时候，FBI就判断他们之间一定发生了某些问题。虽然他们的手在桌子上的变化过程只是短暂的一段时间，但是却能十分准确地反映他们内心真实的想法。FBI认为，缓渐的缩手动作同样应该受到关注。在不久以前的一次朋友聚会上，几个朋友围坐在桌边聊天。闲聊之余就聊到了各自的家庭财务情况。几个朋友相互倾诉，说自己家庭的流动资金出现问题。一位朋友的妻子抱怨说："我们的钱在一夜之间便消失了。"她说这句话的时候，她丈夫的手开始慢慢地拿到了桌子下面，最终在自己腿上平放。这种有意把手放到腿上并远离桌子的动作是心理逃跑的暗示。显然，这对夫妇对他们的朋友有意隐瞒了什么。事后他们的朋友得知，这位朋友因为赌博成瘾，把家中值钱的东西都卖了，最终却输掉了所有家当，从而使他们的家庭的流动资金出现了严重的问题。

FBI要苦练从手臂出发
仔细观察内在信号的本领

FBI在组织对新成员训练和培训的时候总是向他们说："在实际调查过程中，面对不同类型的犯罪分子和复杂多变的外在环境，不仅要拥有一身过硬的本领，还要从心理学的角度出发，仔细研究犯罪分子内心世界的真实想法，而这些不是一朝一夕可以做到的，需要不断地学习与实践。摆在我们面前首要的任务就是要加紧学习从犯罪分子外在的一些信息来解读他们内心深处真实的企图。在这些本领中，我们要能够迅速掌握从犯罪分子手臂的基本变化情况来识别他们真实想法的技能。这个任务任重而道远，希望你们能快速掌握这个本领，尽快成才为一名真正的FBI。"

从人的身体特征来看，手与其他身体器官比起来最具有独特性。人类的手非常灵巧，能够抓取一些东西，弹钢琴、抓住物品、搬运家具等等，一些能工巧匠还可以制作一些举世闻名的器具和艺术作品。手可以做到打、抓、拿、举、握等多种动作，还可以通过手势向其他人传递一些内心的信号。FBI认为，手臂的信息可以直观地反映出人们对事物的看法，为调查犯罪分子提供了一定的帮助。

人们通过手部动作变化的情况能够得出内心的思想变化情况。很多成功的马戏团演员、世界顶尖的魔术师和一些表演家对这个技巧掌握得非常娴熟。一位联邦警察列举了一个活生生的案例：一名前美国三角洲特种部队的退伍战士，由于退伍后没有得到美国政府的工作安排而产生了报复政府的心理。由于他是退伍士兵出身，所以他不仅具有过人的格斗技能，而且还具有一定的反侦察能力，这使他几次都逃脱了法律的追捕。这位退伍特种兵是个心思缜密的人，为了防止被政府调查时露出马脚，他不停地练习通过手臂说谎的能力。但是天网恢恢疏而不漏，这名退伍士兵的落网还是输在了手臂所传递的信号上。FBI就是通过这名退伍特种兵一个不起眼的手臂动作来判断出他就是那个抢劫银行而逍遥法外的犯罪分子。在审问过程中退伍特种兵消极地把手从桌子上垂到了膝盖部位，就是这个小小的动作给FBI留下了深刻的印象。

这名联邦警察继续说道，在对新警察培训的时候，作过一个小测试。我先让新警察互相沟通，在沟通的时候会用黑布蒙上他们的眼睛。首先要求一些男性警察将手放在桌子下面，而另一些女性警察将手放在桌子的上面。新警察之间沟通的时间为半个小时，在这个过程中FBI教官会通过观察他们手臂的变化情况，来判断这些被测试人内心的真实想法。FBI教官们发现，有些本来把手放在桌子下面的男性FBI因为把手拿到桌子上面给他留下不好的印象，这体现出了对女性的不尊重，鬼鬼祟祟，甚至有一些不轨的企图。而那些手臂没有变化的警察给教官留下了很好的印象，教官认为，没有移动手臂的警察具有一种严谨和守信的品质。FBI教官认为，虽然这只是一个日常的小测试，但是能够从一个侧面反映出人的内心想法和感受。

很多人都遇到过手心容易出汗的人。FBI认为，手心出汗大多是由于受到外界环境的影响而产生的紧张情绪，因此，FBI只要观察一个人手心是否出汗，就可以猜测他是否正处在压力状态下。

一位联邦警察讲述了一个案例：

一群情绪激动的美国民众到警察局门口进行抗议，抗议警察至今都没有破获发生在他们居住的别墅里的盗窃案。这些警察花费了半年的时间也没有从中找出任何有价值的线索，所以盗窃犯一直逍遥法外。警察于是向FBI求助。FBI接到这个任务以后，首先找到家中被盗的户主，让他们仔细描述了丢失的物品与被盗的过程。据这些户主讲，他们平常都在外地出差，只有周末的时候才会回到家中。FBI了解到这个情况以后，马上派人在这个别墅区暗地蹲守。几天过去了，事情没有丝毫的进展，于是他们改变了策略，每天都会派人24小时对这个别墅区进行监视，他们尤其加强了在工作日的监视。这样又过了五天，一个身影进入到他们监视的范围之内。这是一个夜晚，当FBI成员忙了一天，正准备吃饭的时候，他们发现一个黑影闪进了这个别墅区。通过多年的经验判断，这个黑影很可能就是他们要找的犯罪嫌疑人。于是他们加强了对这个黑影的监视。果然，这个黑影环顾了四周，发现没人以后便用随身携带的工具打开了一户人家的房门，并开始盗窃。于是FBI立即出动，抓住这个嫌疑人。在他们对这名盗窃分子进行审讯的时候，这个盗窃分子表现得非常坚决，坚称自己不是在盗取，而是帮朋友修理房门。但是FBI成员发现这名盗窃分子一直在搓手掌，手臂也在轻微地抖动，于是FBI判断这名盗窃分子在撒谎。FBI继续对他展开了更深入的调查，他很快便交代了自己的犯罪经过。

面部表情能折射出
真实的内心想法

　　FBI经常会说："被调查者的面部表情可以说明一切问题，我们能够从被调查者的面部表情中洞察到他的内心世界。可以说，人的面部表情是反映人内心变化的最直观也是最有效的方式之一，能够有效学好这项技能，将对我们的工作带来很多便利。"

　　FBI认为，面部表情的感知度是最敏感也是最丰富的，它比其他任何部位的表达都要丰富。可以说面部表情是一种在国际上普遍使用的语言，是一种跨文化、跨地域的通用语言。从人类文明发展的过程来看，面部表情已经成为一种国际通用语言，更成为了一种有效的交流方式。科学家通过测试与研究得出了这样一个结论：人类的脸部肌肉分布非常集中，这些肌肉可以向大脑中枢神经不停地传递信号，在传递信号的过程中，会出现多达上千种不同的表情，这些表情包括哭泣、微笑、兴奋、失落、惆怅等。在传递信号的过程中，每个人的面部表情都不会相同，但他们所传递出来的表情作为一种国际通用的语言符号，可以被大多数人理解。

　　FBI也指出，虽然脸部信息能够反映一些人的表情和内心世界的变化情况，但是有些时候，人们可以有意识地控制脸部表情，让它和自己内心真实想法产生一定的差异。**FBI**通过形象的案例这样解释道：每个人都有这样的经历，就是在学校学习的时候，老师经常教育我们要做一名好学生，不要贪玩，哪怕被学习压得很累，也要装作无所谓，还要在同学们面前装出一副好学的样子。就是在这种教育下，使得一些人在很小的时候就已经无意识地说谎了，如果这种思想一直伴随着孩子成长，那么他们就会不停地说谎。所以，尽管面部表情可以提供各种有意义的信息，让我们了解别人的思想和感觉，但是，我们要谨记，这些信息存在一定的偏差，需要我们从实际出发来认真判断这些事情。

费雷罗拉是**FBI**一位专门研究人的面部表情的教官，通过多年的工作经验，他总结出一些如何通过人的面部表情来分析人的内心世界真实想法的方法。在他看来，只有及时准确地从人的面部特征中找到答案，才有利于他们的工作。他也经常从心理学的角度出发，一步一步揭开案件背后隐藏的玄机。他的这个技能曾经受到**FBI**组织的高度表扬，并作为美国心理学的一门指定课程。

这名**FBI**教官认为，每个人在实际生活中总会遇到一些困难。很多人在逆境面前都会产生出消极的表情，这些表情包括对人、对事的厌烦，容易发脾气，这些表情都是通过面部的基本特征体现出来的。某些人情绪出现问题的时候会表现出脸红、鼻子通红、嘴唇紧闭等情况，对他们的进一步观察可以发现，他们的神态越来越不正常，他们的目光会停滞在一个地方，而脖子也是僵硬的，不会去东看西看。

当一个人产生恐惧心理的时候，他们的言行和举止会表现得不统一。虽然这个情况可能会短暂地出现，但是人们还是可以从这短暂的过程中读懂一些信号。很多时候人们常常口中谈论着一些积极的言语，面部却显示出各种消极的非语言信号，这种情况经常会出现在人们的日常生活中。例如，在一次郊游中，一位上了年纪的人说他的亲人对他非常孝顺，每逢过节的时候都会买礼物送给他，对此他非常兴奋。在与朋友们谈论这件事情的时候，他脸上总是挂满了微笑，但这种微笑随即就被一脸的愁容覆盖。这很让人怀疑他所说的每一句话。后来，他的邻居私下告诉我，他的亲人都离他很远，甚至在圣诞节的时候他也不能和亲人团聚。

这名FBI教官认为，很多人经常会把他们的情感隐藏在内心深处，他们不愿意把这些内心深处的感受与其他人分享。如果我们不仔细观察，就无法发现他们内心真实的想法。另外，如果从脸部信息观察一个人，线索可能会很快消失，因为人表情的变化是复杂多变的，尤其是我们所说的细微姿势，它们是很难被发现的。在一段随意的谈话中，脸部这些微妙的变化可能不会引起我们的注意。但是，在情侣间、亲人间、领导与员工间的交流中，这些看似微不足道的紧张信号就很可能反映出这些人内心深处更加复杂的心理变化。当出现一些微小信号的时候，我们要抓住任何一个到达表面的信号，并仔细观察，因为它们很可能会反映出一个人内心深处最真实的想法与感受，这些通常在某些方面对于研究人们内心变化并揣摩人们的心理起到一定的借鉴作用。

这名FBI通过玩桥牌的例子向人们说明了这个道理。在和朋友玩桥牌的过程中，即使手中的牌非常好，人们也故作镇定，不会表现出得意的神情，反而更加低调与保守。他们认为，不能让对方从自己的表情中看出牌的好坏，只有这样才能有效地迷惑对方，使自己占据优势。有时候，人们从面部很难发现什么，但敏锐的观察者会通过其他一些细微的变化情况，比如身体的非语言信息，去判断一个人的内心世界的真实想法。当人们感到舒适和身心放松的时候，他们的面部肌肉就会完全放松开来，这种放松的状态不是刻意装出来的，是一种得到舒适和放松以后最自然的表达方式。比如在一个陌生的地点和一个不认识的人共坐一辆车的时候，可能就不会出现这种发自内心深处的放松，因为他们认为陌生的地点和陌生的人是不可靠的，不能给他们带来安全舒适的感觉，所以他们也绝不会做出放松的表情。

5

眼睛中蕴藏了
丰富的非语言行为

　　眼睛中蕴藏了丰富的非语言行为，这也是FBI在实际工作过程中观察被调查人的一种行之有效的方式。他们能够从被调查者的眼神中迅速读懂他们真实的想法。他们认为，人可以撒谎，但是他们在撒谎的时候，眼睛中所蕴藏的一切表明他们的话是否具有真实性。一些经验丰富的老FBI对新FBI进行指导的时候，也会经常和他们强调这一点，并通过一些方法逐渐使他们快速成长起来。

　　眼睛是人们心灵的窗户，FBI就是通过观察这两扇窗户，揣摩或感知被调查者的情感或真实意图的。人类的眼睛的确能从侧面表达出大量有价值的信息，而这些信息对于FBI显得更加重要。与脸部的其他部位不同，眼部动作的敏感性和反射性相当强。当人们遭遇了突如其来的事件的时候，会被这些事件弄得不知所措，此时他们的眼睛首先会睁大，最明显的就是瞳孔突然增大了很多，并反复收缩。FBI可以根据这个特点对犯罪嫌疑人进行一些心理上的判断，并从中发现他们存在的问题。然而，一旦人们对这些外在的信息作出反馈，或对它们作出消极的认知，他们的瞳孔就会立即反复收缩。通过瞳孔反复收缩，就能够精确地将面前的一切聚焦到眼前，这样，也就能从这些人眼睛的变化中找出一些答案。

卢米斯加入到FBI已经有八年之久，他能够从人的眼睛变化中解读出一些重要信息。关于从眼睛中解读一些重要情报，卢米斯回忆起这样一个故事：

在冷战期间，我和一名FBI队员抓住了一名俄罗斯间谍。这名俄罗斯特工被抓住以后表现得非常冷静，当我和同事问及谁是他幕后的指使者的时候，他却闭口不说。为了忠于自己的国家和人民，这名俄罗斯特工早就有了牺牲自己保护大局的想法。此时美国副总统要求我和同事尽快找到其他间谍的下落，这让我和同事感到了一丝压力。虽然这名俄罗斯特工已经被FBI抓获，但是其他间谍可能还会对美国国土安全构成潜在的威胁。出于形势的紧迫性，我建议通过眼睛所表现出来的非语言行为，采集需要的情报和信息。

我和同事向这位间谍展示了很多张图片信息，每张图片上都写着一个与这名俄罗斯特工一起工作过的人的名字，这些人很可能是这名俄罗斯特工的同伙。我和同事把照片放到这名俄罗斯特工的面前，要求他看每张图片信息的同时讲述他所了解的具体情况。我和同事对这名俄罗斯特工所讲的内容并没有太多的兴趣，我们也明白这名俄罗斯特工非常老练，不会轻易说出事情的真相。我和同事关注的焦点不在于此，我们关心的是如何从这名俄罗斯特工的眼睛所反映出来的非语言信息中找到我们急切需要的情报资料。时间在一分一秒地过去，起初这名俄罗斯特工并没有理会我们，而是继续低头一言不发。当我们说出照片信息中的一个名字，并把照片递给他看的时候，这名俄罗斯特工像触了电一样，眼睛突然睁大，然后瞳孔迅速收缩，并轻轻地眯了一下眼，不过很快他又恢复了平静。我和同事分析，在这名俄罗斯特工的潜意识里，他是不想看到照片中这个人的身影，他明白照片中的人就是他的同伙，他意识到这些以后恢复了此前的平静。虽然这名俄罗斯特工没有说一句话，但是我和同事还是从他眼睛中所表露出来的非语言动作中找到了事情的真相。经过我们的继续侦查，这名俄罗斯特工的同伙在一个小镇中被我们抓住，被抓获的这名俄罗斯特工在我们审讯的过程中也承认了参加这次秘密渗入活动。最先抓获的那名俄罗斯特工在他的回忆录中这样写道：在参加一次秘密渗入美国的活动中，我没有供出同伴的下落，可他们（FBI）却像天神一样知道了谁是我的同伴，并迅速抓到了他们，这一点我感到非常不解。

　　FBI还发现了一个有趣的现象，陷入恋爱中的情侣在见到对方的时候，眼睛会显示出一种舒适感。他们的眼睛会一直追随着自己伴侣的眼睛。当伴侣相见的时候，他们的眼睛就会睁大，以此表明他们对双方的兴趣和满足。同样，对方也会睁大眼睛。这时，伴侣会一直注视着对方的眼睛，好从中获得安慰。睁大的眼睛传递出了一种幸福的信号，它们说明两个人正在全神贯注地注视着对方的眼睛。情侣之间通过瞳孔扩张表达一种对幸福的满足感，传递出两个人对对方的喜爱。当人们因为看到某人或物发自内心产生高兴情绪的时候，这些人的瞳孔就会扩张，眼睛会睁大，眉毛会上挑，这也充分说明了他们内心深处的喜悦之情。但是这些都是非常细小的变化，需要花费精力仔细去观察。但是在工作或者生活中，瞪大眼睛是否得当还要掌握一定的尺度。在和客户交谈的时候，如果客户表现出很强的积极性，并睁大眼睛向你探讨一些问题，此时他们可能有意愿和你合作。当一名情窦初开的少女面对心中的白马王子的时候，会带着爱慕的眼神凝望对方。总体看来，如果对方与你交谈的时候眼睛睁得很大，证明你给他的印象不错，交谈可能会继续下去。但是当你看到别人试图把眼神从你身上移开或者眼睛眯起，眉毛出现下垂的时候，你也应该意识到你可能不是他们最佳的沟通对象，此时要适可而止并改变方式了。

FBI还特别强调：眼睛睁大与瞳孔扩张和收缩很可能与情绪或状态无关，而与其他一些外在的因素有关。如受到光线的影响、自身健康状况或个人情感波动等。不要片面地以某一个方面为参考点，要全面考虑可能出现的问题。判断时要从客观情况出发，并结合实际情况，只有这样才不会产生错误。

世界各地的文化背景大不相同，反映这些特殊文化的社交规范也就千差万别。但是人们还是可以从人的眼睛中找出人们背后隐藏的故事。无论在世界上任何地方，人们面对喜怒哀乐时，眼睛中流露出的信息都是不一样的。FBI认为，你在哥伦比亚看到的人们抗议的表情，与你在伦敦或者巴西看到的绝对存在一定的差别。从分析中可以看出，举行抗议的民众大多数都会把抗议情绪挂在脸上，尤其能从他们的眼睛中看出这一点。这是FBI经过多年的观察获得的比较有代表性的信息。

一个关于FBI如何利用对被调查者眼睛的观察而破获的案件已经在全美国家喻户晓。事件还要追溯到1997年的一天，华盛顿的一条金融街上像往常一样热闹，这里聚集了全世界很多大的金融机构和证券公司。这天，一名负责对该地区巡查的FBI在例行巡查的时候，在一家银行的门口，他发现一名头戴围巾的中年妇人正在左顾右盼，此时，他的第一个反应就是这名中年妇人可能在寻找某个人。就当他这样想的时候，他发现这名中年妇人放开了脚步，向银行的运钞车走了过去。这个银行是当地最大的银行，其资金数额也非常巨大，但是这里的治安情况却一直很糟糕，经常会发生一些持枪抢劫运钞车的事情。此时，这名FBI提高了警惕，他躲进一家临街的商铺中，仔细观察这名中年妇人下一步要采取的行动。通过观察，他发现这名中年妇人的眼神中流露出一种紧张和恐惧的神情，她不像其他路人一样忙着赶路，眼睛总是盯着停放在银行门口不远的运钞车，并来回从运钞车前面经过。这名FBI由此判断，这名中年妇人想抢劫银行的运钞车。于是趁这名中年妇人不注意，他悄悄地接近了这名中年妇人。此时的中年妇人感觉没有什么安全隐患，当她戴上手套准备从口袋中掏出手枪的时候，这名FBI一个箭步冲了上去，将这名中年妇人打倒在地。经过对这名中年妇人的调查，FBI得知，她是一名来自利比亚的恐怖分子，她们的恐怖组织经常在美国和欧洲等一些发达国家对银行运钞车进行抢劫。通过仔细调查，这名中年妇人交代了他们犯罪的经过。据不完全统计，他们的恐怖组织在不到三年的时间里，先后共抢劫了48家银行的运钞车，而每次都是以成功告终。FBI通过调查还得知，这个恐怖组织还与美国一个黑帮组织有紧密的联系。于是在多方的配合下，FBI通过努力找到了美国的这个黑帮组织。试想，如果不是这名FBI具有通过犯罪分子眼睛的变化而洞察他们内心思想变化的本领，就不可能及时有效地对这个恐怖组织实行打击。由此可见，FBI就是通过从犯罪分子眼神的变化来得出他们内心深处蕴藏的非语言行为的。

头部信号所反馈出来的有价值的信息

FBI经常会说："在日常调查的过程中，不仅能够从被调查者的言行举止和外在信息中察觉到他们潜意识里的想法，还能够从被调查者的头部信号中找到一些对我们有价值的信息，而这些信息需要对被调查者头部所反馈出来的信号进行长时间的观察与分析才能够得出，要想抓住被调查人内心的变化情况，必须得学习如何打开头部信息这扇大门。只有这样，才能收获到有价值的信息。"

头部动作是人们表达内心世界最直白的信号之一，通过头部的信号可以很清楚地传递出自身蕴藏的丰富内涵与内心情感的变化。人们交谈的过程中会表现出一些头部信号。FBI认为，当人们抬头与人交谈的时候，表明了他对这个人表现出足够的重视，会认真倾听这个人的讲话，并且会一直持续这样的交谈方式。但是如果头部抬得过高，可能会留给别人不好的印象。FBI分析出，如果人的头部抬得过高，会表现出这个人有些高傲与轻浮，这样在与人交谈的过程中，会给人带来一些不好的印象。

在现实生活中，FBI发现很多人会做以下这些动作，而这些头部动作的背后蕴涵了很深的信息。

(1)把头歪在一边

很多人都喜欢把头歪在一旁。在FBI看来，把头歪在一旁表明了这个人默认了服从。因为，人把头歪在一旁表明了自己不会带来威胁更不会攻击他人，向别人传递了一种顺从的态度。这样就容易让别人认为，歪着头的人以一种轻松的状态出现，不会给自己带来危险，所以这样能放松对这个人的警惕。一份研究报告指出，女性和男性社会分工的不同，使她们在歪头的态度上表现得不同。FBI认为，那些能力强、趾高气扬的男性不会轻易歪头，在这些人看来，歪着头就意味着屈从。接受调查的女性中有超过半数以上的人会选择歪着头，因为这些人想获得其他人的帮助，这体现出一种顺从。

伍德·乔治是一名FBI，他讲述了这样一件事情：

在1980年的一天，他和一名同事对一名德国女间谍进行调查，当他们得知这名德国女间谍不是个等闲之辈的时候，他们作好了对这名女间谍进行长期调查的准备。据FBI总部传来的消息，这名德国女间谍通过微型摄像机，拍摄到美国一个军事基地的秘密武器资料。为了能够从这名女间谍口中得到一些有用的信息，FBI连夜对她进行了讯问。出乎意料的是，这名女间谍表现得非常冷静，声称微型摄像机不是她的，对军事基地的事情也矢口否认。FBI意识到他们遇到了难缠的对象，通过讯问不可能得到他们想要的有价值的情报。于是FBI决定暂时中断对这名德国女间谍的审讯。接下来的时间里，FBI没有闲着，而是对摄像机和军事资料中残留下来的指纹信息进行了解析和对比，对比的结果令他们非常兴奋，这个微型摄像机就是出于德国女间谍之手。于是他们对这名德国女间谍再次进行了讯问。虽然这名德国女间谍还想狡辩，但是当她看到FBI把微型摄像机中遗留的指纹信息呈现在她面前的时候，她把头歪到了一旁。FBI通过这样一个头部信号，得知了这名德国女间谍心理防线已经被击破，并开始表现出顺从的态度。果不其然，在接下来的讯问中，这名德国女间谍没有继续狡辩，而是把窃取美国军事基地的计划全部交代出来。

(2)把头低下

FBI还发现，当人们在对某件事情表示否定意见或者不满的时候，通常会把头低下。在与人交谈的过程中，如果发现人们不注视你，而是把头低下来转移注意力，说明你表述的某些观点可能没有得到这个人的认可，这个时候要及时调整与这个人的谈话。FBI认为，把头低下还代表了缺少自信。当你在开会或者在公共场所演说的时候，如果你低下了头，那么会给听众传递一个不好的信号，在他们看来，你的演说是缺少自信的，更是没有说服力的，所以为了避免这一情况的出现，不要在公众面前低下头，低下了头也就意味着你的失败。

(3)点头

FBI认为，点头在世界范围内是一种通用的肢体语言。点头表示对某个人或某件事情的赞同。FBI做过的一个实验告诉人们，点头在世界范围内都通用。他们到世界上不同国家和地区进行测试，他们与陌生人相处的时候，会向对方点头，而对方也会向FBI点头。这一情形说明了点头是一种跨国界、跨文化的通用肢体语言。人们在点头的时候身体会略微向前倾，这说明了人们恭维的态度。这种情况非常有利于增进人们之间的交往。如果在适当的时候用点头这种头部动作对其说话内容表示赞同的话，不仅会做到和谈话者的有效沟通，还能使谈话者备受鼓舞，更能激发出谈话者的谈话欲望。但是点头要掌握好频率的问题，其中也蕴涵了很多信息。FBI认为，在倾听谈话者讲话的时候，缓慢地点头表达出的信号是对谈话者产生了极大的兴趣，也愿意继续倾听下去；如果倾听者迅速地点头，此时他向谈话者传递了一个信号，这个信号就是对谈话者谈话的内容感到枯燥与不耐烦，而他这样做的目的就是想让谈话者终止正在进行的谈话。当一个人谈及到自己感兴趣的话题时，人们会不由自主地配合点头这个头部动作，此时说明了两个人已经产生了共鸣，甚至有一种相见恨晚的感觉。

FBI认为，点头是人们沟通和交往过程中的润滑剂，它可以为人们的沟通打下良好基础，对改善人际关系起到非常关键的作用。FBI在实际办案的过程中总结出：在办案的过程中会遇到形形色色的人，有些人能够积极配合我们的工作，可有些人却对FBI存在一定的抵触，而造成他们抵触的原因也是多方面的。为了能有效地开展工作，在和这些对我们存在抵触的人进行交谈的时候，我们会认真倾听他们遇到的问题，并配有点头这个动作，虽然只是一个简单的小动作，却给了这些人一个好印象。这些人一直认为，FBI是一些不懂得倾听别人讲话的人，但是当他们看到FBI在认真倾听他们讲话的时候，这个固有的观念就会被打破，而重新认识了FBI，这为建立彼此间的信任打下了良好的基础，也为以后有效地开展工作打好了基础。

（4）摇头

摇头是人们表达否定信号最直观的头部动作。FBI这样解释道："经常发现人们在面对不喜欢的人或者事情的时候，会把头从一侧转向另外一侧，从左边转向右边或者从右边转向左边，这些人做这个动作只想表达自己对某人或某事的不满情绪，他们通常会说'这不是我想要的''你不要这样做'等否定的话语。从世界范围来看，摇头这个头部动作也同样具有通用性。"

FBI认为，摇头这个头部动作也已经发展了很长时间，婴儿拒绝妈妈的奶头就可以看出这一点。人们经常会发现，婴儿在饥饿的时候会叼住妈妈的奶头，当他们吃饱以后不再吸吮奶头，当妈妈们以为婴儿没有吃饱而继续把奶头放到他们嘴里的时候，婴儿会把头扭向另外一边，这个信号是他拒绝的信号，表明婴儿已经吃饱。

FBI通过在世界各地的考察发现，一些国家和地区会用仰头这样的头部动作来表达对人或事情的否定态度。在希腊和土耳其等国家，经常会看到人们习惯用仰头的方式来表达否定或者不认可的态度。当他们听到和自己相背离的想法时，他们会挺起胸把头向后仰，通过这样的方式来表达他们对这件事情的否定。在其他一些地区，如新西兰北部一些地区，这里的人们也会采用这样的方式来表达自己的态度，不过他们仰头的动作不是表达否定而是表达肯定的态度。经常可以看到，当一些人取得一定成绩的时候，他们会仰头，然后口中会说："我终于成功了""我的努力没有白费"等表示肯定的话。

在一件发生于美国加州的走私军火的案件中，FBI就是通过头部动作信息来找出有价值的线索的。一位走私军火的不法商人被FBI抓获，从掌握的资料来看，这名走私军火的商人是个意大利人，FBI调取了他的个人档案后，发现他与一个国际性的走私团伙有着非常密切的关系，于是FBI对他进行了讯问。当被问及到这名走私商人有没有其他同伙的时候，这名犯罪分子矢口否认有其他同伙。为了捕获这个国际性的走私集团，FBI想到了一个巧妙的方法，他们故意把事先锁定的走私分子的照片拿到这名走私商人的面前，让这名商人指认。这名走私商人看到这些照片以后，连忙摇头，并声称他们绝对不是走私军火的人。FBI通过这名走私商人不正常的摇头动作得知这名走私商人在说谎，照片中的人全部是他的同伙。就这样，FBI通过这名走私分子摇头的动作，顺利找到了其他走私分子，成功端掉了这个国际性走私集团，并抓获了所有走私分子。

FBI认为，虽然外在的环境复杂多变，但是人们的身体语言是有一定规律的，尤其表现在头部的动作，即使再狡猾的犯罪分子，也能够从他的头部动作中发现一些存在的问题。虽然头部动作信息不能作为办案的唯一标准，但是却可以为办案带来意想不到的帮助。

7

握手动作的背后折射出的
是对方复杂的内心世界

　　握手对于每个人来说是最经常做的事情，很少会有人细心观察。可FBI却从握手中探寻出一些信息，他们会从握手的力度、握手时候表现出来的态度、握手时候的行为举止等多方面因素来掌控一些信息。这些信息给他们的工作带来了便利，同时也为分析和研究犯罪分子的内心世界提供了先决条件。FBI认为，虽然握手是个微小的动作，但是握手的背后却能观察出对方具有的性格特征与内心世界的变化情况，通过握手可以了解到对方微妙的变化。

　　握手这种动作据说是来源于中世纪。由于当时战乱频繁，很多人都会全副武装，但是在他们与其他人交往的过程中，为了表达自己的诚意往往会脱下全身的装备，通过这样的方式，向其他人传递了自己手中没有武器，不会对别人造成伤害的信息。这种方式被认为是对握手起源的解释。握手这种动作一直持续到现在，它不仅反映出强大的生命力和继承性，还表明了握手作为一种文化，在全世界范围内发展开来。

　　握手方式是遵循一定规则的，如果没有遵循这个规则的话，可能会造成不必要的损失。一般情况下，与别人握手的时候，首先要清楚对方所处的角色与地位，当与领导、女士或者长辈们握手的时候，要等对方伸出手以后，才能够把手伸过去，这体现了良好的修养。关于握手的方法也有一定的规定，通常情况下，握手的时候要伸出右手，因为有些国家左右手的功能不同，即使是那些用双手握别人手的人，也会遵循先用右手握手的原则。而FBI通过多年的观察与分析，总结出以下几种握手方式，这些握手方式可以清晰地折射出握手人复杂多变的内心世界。

(1)用很大力气来握手的人

这种人在与别人握手的时候，会用很大力气。在他们看来，不用力气握手的话就不能体现出自己的真诚。FBI分析了这些人的性格特征：他们性格开朗，非常自信。他们非常善于同其他人进行交际，在与别人交往的过程中，他们总会以自我为中心，会把自身的欲望表现得淋漓尽致。和这种人握手的时候，虽然能感觉到他们的真诚，但是他们不会考虑对方的感受，完全是凭借自身的感受，因此，当其他人和这些人握手的时候，很容易出现一些尴尬的情形，由于他们的力气非常大，而使被握手的人感到疼痛，这样的话就失去了握手的效果。

(2)握手力气非常小的人

这样的人爱憎分明但性情平和，他们的喜怒哀乐都会表现得比较含蓄，不轻易外露。有时候也容易敏感，但他们能隐忍，不把真实感情轻易表露出来，对自己厌恶的人也能和平相处。这样的人与别人相处得很融洽，能很好地处理各种人际关系。他们性情比较温和，不喜欢争强好胜，也不爱出风头。这样的人在心理上总与人保持一定的距离，不让别人走进他们的内心，对最亲近的人也是如此，这会让人感觉他们感情淡泊。这样的人个性往往是脆弱的，也是性格内向的人。他们在与人交往的过程中会表现出没有自信，在处理问题的时候，他们往往会缺少主动性，没有主见，完全依赖别人。而他们这样的性格与其成长经历有关。他们往往生活在那些受家庭束缚比较大的环境中。这种人尤其是在与陌生人交往的时候，握手的力气会非常小，甚至不敢去碰对方的手。在他们的内心深处，他们处于劣势地位，遇事总是要退让三分。所以这样的人给别人的印象一般都不太好。

(3)主动去握对方手的人

这样的人在与别人握手的时候，会急迫地去握对方的手，这样的人性格比较直爽，属于直入直出型的性格。他们不管对方是什么身份何种地位，都会抢先把手递过去。表面看来，也许他们非常热情，但是他们忽视了一点最基本的商务礼仪。在欧洲很多国家，在没有弄清楚对方是何种身份何种地位的时候，就与其握手是一种冒失的行为。与别人握手要遵循长辈、上司、女士先伸手的原则，如果没有遵循这个原则的话，会给人一种不懂礼貌的印象，更是一种不懂商务礼仪的表现。

(4)握手以后紧紧不放的人

这样的人在现实生活中也经常出现。这样的人一般是个性忠厚，感情丰富的人。这些人有一颗爱憎分明的心，为人随和，当别人向他倾诉的时候，他会认真倾听，并发表有建设性的建议或意见。他们的性情非常温和但又非常敏感，受外界环境波动很大。当他们看到需要帮助的人的时候，容易产生恻隐之心，也愿意尽自己的努力来帮助别人。在他们看来，帮助别人的同时就是帮助自己。这种人给人的印象不错，但是在握手的时候还要掌握一个度的问题，尤其是和异性进行握手的时候，如果抓住对方的手不放，会闹出一些尴尬和笑话。

(5)握手持续时间短且握手力度大的人

这种人是不受欢迎的一种人，他们与别人握手的时候，不会考虑对方的感受，完全凭借自己的主观意识来与某个人握手。FBI认为，这样的人是自私的，对人也是傲慢的，不值得与其长时间交往。这种人尤其不受女性朋友欢迎。当他们与别人握手的时候，不仅会用很大力气，把对方的手握得生疼，而且握手时间非常短暂，还没有等对方把手握住，他们的手便离开了。很多人对这样的握手行为都非常反感。

FBI认为，握手并非人们想象的那样只是个简单的动作，握手的同时可以从中发现很多潜在的信息，从握手时细微动作的变化中能够有效了解一个人内心世界的变化情况。FBI经常会说："在握手的一瞬间可以从对方的手上感觉到一些信息，此时虽然无声，但却能够表现出很多信息。当柔软的手触碰在一起的时候，你能感觉到一丝的温暖。而和那些僵硬的手握在一起的时候，你不仅会感到一丝的阴冷，还可以通过握手的姿势与力度，感觉到隐藏在这个人背后的故事。通过握手这个简单的动作，可以洞察出世界万物的变化情况，也可以折射出人的内心世界的变化情况。

FBI结合多年的经验认为，握手时候双方表现出来的面部表情信息和身体的变化情况都可以探知对方的内心。FBI总结出，握手的时候，如果掌心向上，表明一方表现出恭维的态度；双方掌心垂直，表明双方无论在内心还是在实际生活中所处的地位是平等的。那些趾高气扬的人在与其他人握手的时候，手掌往往会向下，在他们眼中自己就代表了强势的一方。

FBI总部曾经做过一个对FBI的心理测试：FBI局长扮演成不同的角色同FBI成员分别握手，通过这样的方式来考察不同性格的FBI。当FBI局长与被测试的FBI进行握手的时候，他会观察这名FBI外在的变化。当他与一名FBI握手的时候，主动向这名FBI伸出了右手，而这名FBI也把手递了过去，在握的过程中，这名FBI握手的力气非常小，并且眼神也没有直视局长，局长断定了这名FBI成员是个加入FBI不久的新成员，他是个性格内向、不善表达的人，遇到事情以后可能会没有自己的主见。当FBI局长与另外一名成员握手的时候，这名FBI握手的力度非常大，眼睛也盯着局长，局长判断这个人是个个性鲜明、敢作敢当的人，但是他唯一不足的地方就是自以为是，不把任何人放在眼中。事后证明FBI局长的判断没有错。虽然这只是FBI的一个测试，但是FBI局长还是从握手这个细微的动作中有效解读了FBI的性格特征。

人们在遭遇一些困境或者自身处于低微地位的时候，通常会采用恭顺的握手方式。他们会将手掌向上，表明自己对他人不会产生威胁，也愿意对别人恭顺。虽然这种方法在一定程度上降低了握手人的身份，但是却可以给人带来一种安全感，同时也能赢得别人的好感，别人也愿意帮助你。FBI认为，这样的握手方式虽然使自己在心理上处于劣势，但是却可以有效消除对方的警觉心理，能得到对方的谅解，并平息一些不必要的冲突。

一位联邦警察讲述了这样一个故事：

1987年，利比亚的一艘商业运输船在行进过程中遭到了伊拉克军队的拦截，伊拉克军队随即扣押了这艘商业运输船。他们的理由是该船有藏匿反伊拉克政府武装分子的可能。利比亚得知这一情况后，连夜对此事作出了分析与判断，并制定出对伊拉克反击的计划。伊拉克把这艘商业运输船带回国内例行检查以后，并没有发现所谓的反政府武装分子。伊拉克意识到事情的严重性，紧急发表了一份全国讲话，并连夜紧急会晤了利比亚国防部长。伊拉克国防部长与利比亚国防部长会晤的时候，伊拉克国防部长面带歉意地同利比亚国防部长握手，握手的过程中，伊拉克国防部长把右手手掌向上放置，可以看出他渴望得到利比亚一方的原谅，利比亚国防部长也感觉到了伊拉克国防部长表达出的歉意。于是双方在协商下，伊拉克决定赔偿利比亚一部分经济损失，从而避免了一场不必要的冲突。

FBI认为，两个地位差不多的人在握手的时候，往往会采用一种平等的握手方式。这种握手方式通常是两个人用垂直于地面的角度进行握手。但是这种握手方式会带来一种双方对峙的结果，如果这种对峙一直持续下去，对双方来说都没有任何意义。FBI认为，想要避免这种双方对峙情况的出现，首先要端正自己的态度，并努力营造出一种轻松友好的沟通环境。具体来说可以按照以下方式进行。首先双方在握手的时候，要平视对方，任何一方不要仰头，如果仰头的话就会给对方带来一种轻视的感觉，从而不利于下一步的沟通与交流。其次双方在握手的时候，握手的力度要掌握好，不要过于僵硬，也不要过于柔软，过于僵硬的话会使对方感觉到压力的存在，而过于柔软，会使对方感觉到没有诚意。最后，在握手的时候一定要配合好语言，因为好的语言可以促进双方的进一步交往与沟通。

处于优势地位的人与人握手的时候会把手掌向下。在他们看来，他们是绝对的领导者与支配者。FBI得出的一份统计表明，有超过八成的领导者或者强权者会采用把手掌朝下的方式与别人握手。他们一直认为自己处于优势地位，也应该使用这种握手动作。研究表明，这些把手掌向下进行握手的人都有一个共同的特点，他们与生俱来就具有很强的占有欲望，对新事物的接受能力非常强，在实际生活中，看到更多的是他们强权的一面。当面对强权人士握手的时候，人们往往会表现出慌张的神态，虽然许多人会躲避这样的握手方式，但是最终为了某种利益还是会委曲求全。有人也采取了一些对策来应对这种被动的局面。这些人不求能战胜对方，只求能和对方打成平手。但是有些人却适得其反，不仅没有改变这种被动的局面，还使自身处于进退两难的地步。FBI认为，想要摆脱这种被动的局面，首先要给自己一定的心理暗示，告诉自己，任何事情都可以战胜，再大的困难在自己面前也会表现得非常渺小。同时要学会通过进入到对方的个人空间来扭转这种被动的局面。FBI告诉人们，如果遇到强权的人与你握手，首先要伸出左脚，然后紧接着跨出右脚，这样无形之中自己的身体已经向前迈了一步，这样就进入到对方的空间中，会给对方一个心理暗示——你强，我更强。对方意识到这点后会被你的这种行为镇住，在与你握手的时候就会有所收敛。这样做还有一个好处，就是有效控制了与对方握手时的手臂距离，使他们没有过多的距离把手臂伸直，这样就有效控制了他们把手掌向下的企图，从而扭转自己的被动局面。

由此可见，FBI通过多年的经验告诉人们，握手动作虽然非常微小，但是它的背后却能折射出对方复杂的内心世界。

从有个性的下巴
作心理密码解析

FBI认为，分析并判断一个人的内在心理变化有很多方法。要学会一眼就能看透人的智慧，不仅需要多年经验的积累，更需要练就一双充满智慧的眼睛，并能在不同环境和地点及时发现问题。通过下巴的反应情况来对人进行了解，也是分析一个人心理密码的基本要素。

我们可以通过下巴分析出一个人的性格与爱好，并根据自己分析出的结果对交往的人采取不同的社交方法和态度。在日常工作或生活中，人们通常不会留意下巴的变化情况。FBI依据多年的工作经验告诉人们：下巴的动作确实表现得比较细腻，也不容易被人们发现，但是它却是一种解析人们心理密码的有效方法，通过对下巴动作的解析，可以把一个人的心理密码破译出来，而这一点对于某些工作将有很大的帮助。

FBI从以下几方面对一个人的下巴进行了仔细的观察和分析：

（1）下巴抬高，并根据说话者的变化而做出调整

FBI认为这样的人性格直爽、坦诚。他们最讨厌虚伪，他们的喜怒哀乐在脸上一览无余。他们爱憎分明，能真诚地对待喜欢的人，而对于不喜欢的人，他们也不会强颜欢笑，喜欢就是喜欢，不喜欢就是不喜欢。但有时因为其太鲜明的态度和太尖锐的语气，难免在无形中得罪人。他们对待对自己有善意的人十分友好，但绝不会阿谀奉承、阳奉阴违，不会因为某种利益而有意地对别人溜须拍马。这样的人重情重义，对待友情很认真，绝不会因为利益关系和朋友翻脸。这样的人很聪明，能通过表面现象看清事物的本质，他们对残酷的现实以及世间的利益关系有清醒的认识，且不喜欢斤斤计较。这样的人有旺盛的生命力，生机勃勃，很有激情。他们看起来随时都有无穷的精力，思维活跃，行动迅速，能很快地理清事情的来龙去脉，然后果断处理。面对困难和危机时，他们不是委曲求全，而是披荆斩棘、奋勇向前，这种奋斗拼搏的精神很有感染力和号召力。他们是新事物的开拓者，是旧事物的创新者。这样的人有很强的好胜心，他们充满竞争力和挑战精神，喜欢惊险刺激，只有在这样的环境里他们才感到快乐，也只有在这样的环境里才能把他们的雄心壮志全部激发出来。他们性格倔强，往往有死不认错的特性。他们很爱面子，有时候即使知道自己错了，并且知道错在哪里，也依然态度强硬。当然，他们心胸宽广，只要别人肯给台阶下，他们也会主动反省，真诚地道歉。这样的人有百折不挠的精神，绝不会向失败低头，他们有很强的奋斗精神，并且越挫越勇。这样的人心地善良，但有张非常厉害的嘴，有时候难免得理不饶人，但他们绝不是那种刻薄的人，而是刀子嘴、豆腐心。

（2）下巴收回，并压得很低的人

FBI曾经说过："一眼就可以看出这样的人自我意识强烈，他们最受不了被人看扁。"这样的人最容易被轻视自己的人所说的话或所做的事气得暴跳如雷，他们会以自己的实际行动和轻视自己的人一决高低。他们对于和自己耍心眼的人有时候会采取置之不理的态度，但这并不代表他们愚钝，他们只是表示不屑于理会这样的人。他们聪明直爽，既不会算计别人也不会被别人算计。这样的人暴躁易怒，而且对情绪没有控制力。他们能对任何一个人大发脾气，这也难免容易引起别人的反感。这类人很容易让人想起冲突、交锋等和战争相关的字眼。他们性格直率，豪爽慷慨，不喜欢耍心眼。他们心底坦荡，对善待自己的人坦诚相待，而对于怀有恶意的人也能针锋相对。这样的人心胸宽广，不会对旧事耿耿于怀。但他们也有自己的原则，在和别人发生矛盾时，如果是对方错了而又死不认错，他们是坚决不会向对方示好的，但对方如果能主动认错道歉，他们也能很大度地不计前嫌。

（3）下巴和说话者的头部保持一致的人

这样的人性格温和，对谁都很温柔，即使对不喜欢的人他们也只是态度冷淡，但不会针锋相对。他们脾气很好，但如果对方欺人太甚，让他们觉得难以忍受，那他们不怒而危的气势会让别人望而生畏。这样的人理智沉着，他们不放任自己，为人处世都有一定的原则。这样的人在人前总是一副憨憨的样子，看起来很好欺负，但千万不要以为他们真的好欺负，他们不是喜欢生气的人，可一旦生起气来就跟平时判若两人。其实他们心里对所有事情都看得明明白白，只是不喜欢和别人争论而已，是大智若愚的人。

FBI认为，这样的人是天生的慢性子，但勤勤恳恳，有坚韧不拔的毅力，做任何事情除非是受客观因素的影响，否则一旦下定决心要做，就一定会坚持到底。他们有一股蛮劲儿，从来就不是半途而废的人。也许这样的人不够聪明，但他们深知笨鸟先飞的道理，用吃苦耐劳弥补自己的缺点。或许就是因为对自己的缺点有清醒的认识，所以他们奋发图强，丝毫不比别人逊色，甚至比别人做得更好，他们是勤能补拙的完美诠释者。固执是他们最大的特点。这样的人对自己坚持的观点不会轻易改变。他们对人生有自己的看法，遵循自己的理论，但他们遵纪守法，他们的理论建立在社会道德规范以内，不善于变通。这样的人不喜欢争吵，不会与和自己有不同观点的人相持不下，他们赞成各抒己见，但会坚持自己的意见，是名不虚传的牛脾气。当然太过于固执己见也是缺点，因为不善于听从别人的意见，所以对事物的看法就容易走进偏激或狭隘的误区。在他们内心深处都希望所有事物能平稳发展，如果经常大起大落，非得提高他们的心脏承受能力才行。他们性格里有多疑多虑、不自信等缺点，缺乏安全感，平稳和安定才是他们的追求。这样的人对挫折和失败的适应力较弱，常会产生鸵鸟心态，喜欢逃避，容易悲观失望。当然他们不会轻言放弃，只是需要很长的时间才能恢复信心，当情况好转后，又能热情洋溢地作出新的努力，创造出更大的成就。

FBI从众多具有这种特性的人中分析发现，这样的人讲求现实和物质，富足的生活是他们一直追求的，他们的成就感和安全感需要富足的物质生活做基础。这样的人是天生的美食家，有敏感的味觉和嗅觉，他们对食物的要求很高。当然这样的人也能通过自己孜孜不倦的努力得到物质上的满足。但由于不善于变通，不能圆滑地处理人情世故，会给人富裕却不大方的感觉。这样的人能享受物质上的富足却不庸俗，他们钟情于艺术，对艺术有独到的见解，他们任何时候看上去都内外兼修、优雅又有内涵。

（4）与人沟通的过程中下巴会随着说话者目光的变化而发生转移的人

FBI认为这样的人沉稳、踏实，他们明理重义、爱憎分明，有很强的原则性。他们待人憨厚、诚恳，不会耍手段、玩心机。他们有很强的自制力，不放任自己，为人处世很谨慎，一般不轻易对人发脾气。这样的人性情大方，不会为一点小事与别人计较，被别人占点小便宜也不会太在意，还会用"吃亏是福"来安慰自己。但这样的人绝不是好欺负的软柿子，一旦有人越过他们的底线，他们会蹦出一句不紧不慢但绵里藏针的话，能说得人跳起来。这样的人固执，有时候会显得难以沟通，自己认定的事情都不轻易改变，让人有孺子不可教、朽木不可雕的感觉。这样的人是慢性子，他们谨慎，能对自己接收的信息有选择地接受。他们有时候脑筋也转得比别人慢，这倒不是因为他们真的笨，这是他们沉稳、不疾不徐的性格决定的。在大家热火朝天争论的时候，这样的人常常一言不发，等别人议论完了，问他们意见的时候，他们往往不鸣则已，一鸣惊人。他们喜欢安定、稳固的情谊。他们对于泛泛之交不会特别热情，因为不希望不相干的人打扰自己的生活。但对自己的莫逆之交他们则显得豪爽、大方。这样的人行事从来不夸张，低调做人是他们的准则。他们诚信、忠实，不会轻率地许诺别人事情，但若受人之托，定能忠人之事，是一个很值得朋友信赖的人。

　　FBI从人的下巴出发，对他们的心理进行了解析，从中分析出他们各自的性格特点以及内心世界的变化情况。从这些分析研究中可以看出，FBI能够很好地抓住这些人下巴的变化情况，通过有个性的下巴来一步步解析出一个人的心理。

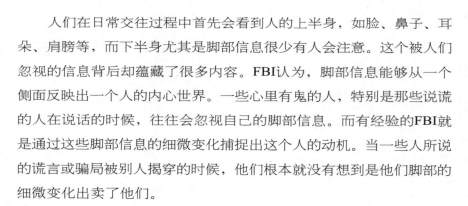

9

脚部信息表现
出来的弦外之音

　　人们在日常交往过程中首先会看到人的上半身，如脸、鼻子、耳朵、肩膀等，而下半身尤其是脚部信息很少有人会注意。这个被人们忽视的信息背后却蕴藏了很多内容。FBI认为，脚部信息能够从一个侧面反映出一个人的内心世界。一些心里有鬼的人，特别是那些说谎的人在说话的时候，往往会忽视自己的脚部信息。而有经验的FBI就是通过这些脚部信息的细微变化捕捉出这个人的动机。当一些人所说的谎言或骗局被别人揭穿的时候，他们根本就没有想到是他们脚部的细微变化出卖了他们。

　　FBI认为，脚部虽然离人的大脑最远，也是人体最末端的部位，但是脚部向人们反馈出来的信息的可信度却不比身体其他部位差，在某些方面可能还优于身体其他部位。在人类发展过程中，脚部起到了非常关键的作用，它是身体部位中比较敏感和重要的部分，脚部所反馈出来的信息也是最直接最真实的信号。因此，为了能更加透彻地了解一个人，完全可以通过这个人的脚部信息来观察他，由此洞察出对方内心的真实意图与想法。

　　说谎者说谎的时候，会通过一些小动作来掩饰自己的谎话，他们的这些小动作非常频繁与隐蔽，很多人不会轻易察觉到他们的这种变化。当有人发现他们的谎话以后，这些人会迅速用动作来控制他们的行为以逃过别人的怀疑。但是有一点他们很难做到，无论他们怎样用小动作掩饰背后的谎言，脚部信息总是掩饰不住的。FBI曾经做过一个测谎实验，他们把两个人叫到两个不同的环境中去，然后问相同的问题。当对第一名测试者进行测试的时候，这名测试者表现得非常平静，问题回答得也符合常理，没有过多的小动作，最为重要的是他们的脚部信息和身体其他部位表现得非常协调；在对第二名测试者进行测试的时候，这名测试者总是用一些小动作来掩饰内心的焦虑与不安，因为他深知自己撒了谎，于是他想借助小动作来蒙蔽别人。然而令他没有想到的是，测试结束以后，教官还是把他叫到了一旁，指明了他在说谎。这个人非常不解，问教官是如何发现自己在说谎的。教官给出了这样的答案：虽然你极力用小动作掩饰你的谎言，但是从你的脚部信息中还是发现了你在说谎，因为你的脚部与你身体其他部位表现得非常不协调，与你的表情也大相径庭，因此可以肯定你在说谎。

人们都有这样的体会，在生活或者工作中遇到让人生气的事情的时候，会气得跺脚；而遇到高兴事情的时候，双脚会向上跳起以表达自己内心的喜悦。FBI认为脚部信息可以直观地反映出一个人内心情绪和性格特征。如果一个人在走路的时候走得非常慢，动作非常迟缓，可以判断这个人是个性格内向、不善言辞的人，他们生活或工作的节拍也是缓慢的。而那些走路速度非常快的人，一般都是在追求某种东西，他们的生活节奏非常快，是个对成功有很强的欲望、有着非常强烈的进取心的人。

脚部反映出来的信息是有参考价值的。FBI解释道：在商务交往中，如果一名女士跷起了二郎腿，说明这是个事业非常成功、工作能力强且非常自信的女性。而那些性格内向、工作能力一般的人会紧紧地把腿并在一起，从这个信号中还可以判断这个人做事是小心谨慎的。FBI结合自身的经验与多年的观察，总结出以下一些人的脚部特征：

(1)双脚在一条水平线上叉开的人

FBI认为做出这种姿势的人，通常是处于优势地位的公司领导或者上级，他们同下属谈话的时候，通常会做出这样的姿势。从他们的这个姿势可以解读出他们的内心世界，他们非常自信，甚至让下属感觉到有一种盛气凌人的气势，而且他们往往是自私的，不会耐心听取下属在工作中遇到的困难，他们的口头禅是："你应该"，"你必须"等命令式的话语。而这种姿势在男性身上也会经常出现，男性为了表示出其在社会中强者的一面，往往会采用这种方式。有趣的是，FBI在培训新成员的时候，把通过双脚站立时候的姿势作为一个考核的项目。

(2)一只脚在前一只脚在后站立的人

这种人站立的时候会把两只脚一前一后地放置。FBI认为，这种人内心总感觉不安全，通过这样的方式可以缓解他们紧张的神经。这样的人通常是一些内心世界封闭、不愿与人沟通的人，他们很少愿意与人诉说自己的心声，在他们内心深处，对别人存在一定的戒备心理。他们的这种特性与从小在封闭的环境中成长有很大关系。当他们步入社会的时候，非常谨慎地与别人交往，交往过程中的站姿是把脚一前一后放置，这样他们感觉在空间上处于优势地位，从而增强了内心的安全感。发生在美国新泽西州的一起案件，充分说明了从脚的站立姿势可以判断一个人内心世界的变化。一位涉嫌拐卖儿童的女士被FBI调查，但是讯问的过程中却得不到任何有价值的信息。这名女士总是百般推脱，声称自己不清楚事情的真相，对FBI的调查也表现出很强的抵触心理。FBI怀疑这名女士有心理方面的问题，于是找来了心理医生对她进行测试，而测试的结果表明这名女士不存在心理方面的问题。于是FBI改变了讯问的方法，认真观察这名女士在说话时候的身体信号。当FBI再次讯问这名女士的时候，她突然非常配合，对FBI的讯问有问必答，而且回答每个问题的时候都没有经过思考便脱口而出，这引起了FBI的注意。这名女士的话好像事先编造好的一样，带着这样的怀疑，FBI继续对她进行了讯问。FBI向这名女士出示了被拐卖儿童的照片，这名女士面不改色，好像自己真的不知情，但是FBI发现这名女士把两只脚一前一后的放置，通过这点，FBI判断出这名女士之前都是在说谎，她一定与这起案件有关系。

（3）把手放在膝盖上，把身体重心放到一只脚上

这个姿势向别人传递了一个信号，就是这个人已经作好了与别人结束交谈的准备。FBI认为，这样的人一般都是权力和地位比较高的人，他们在公司中处于领导地位，他们中的很多人都是一些企业家或者管理者。他们是讲究办事效率的人，在他们看来时间决定一切，他们很少会在某一件事情上浪费不必要的时间。这种人珍惜时间的同时也不希望别人浪费他们的时间，他们给别人的印象一般是做事干脆果断，不拖泥带水。当他们做出把手放在膝盖上，把身体重心放到一只脚上这样的姿势的时候，表明他们已经没有和某个人继续谈下去的时间与耐心，他们可能很快就要起身离开。这种情况一般出现在领导和下属交谈的过程中。人们经常会看到这样的情景，下属因为在工作上出现失误，于是来到领导办公室向领导解释，如果不是下属自身原因，领导可能会询问下属解决问题的方法并能够原谅他们。但是如果确实是由于下属工作的失误等原因造成的问题，领导会对下属的解释表现出不耐烦的态度，通常也会做出把手放在膝盖上，把身体重心放到一只脚上这样的动作。下属看到这样的信号后，就不用再去和领导解释了，因为领导已经对他表现出不信任的态度。

(4)把脚放到另外一只腿上

FBI把这种脚部姿势称为"4字形"。FBI认为，这个动作一般经常在男性身上出现，男性通过这样的动作向别人显示自己男子汉的一面和自己处于权势地位。这种人一般都非常自信且做事独断，遇到问题不愿意与其他人商议，而是凭借个人主观意愿去做事。这种人一般都非常有主见，不会轻易改变自己的看法，总是希望别人按照自己的意愿去办事。那些试图想用自己的想法说服这种人的人，可能会出现一种挫败感，因为在这种人潜意识里，就一直认为自己才是主导事情发展的关键人物，别人要服从自己的观点才是他们最终的目标。FBI告诫人们，做这种动作一定要从自身实际情况出发，要有一定的尺度，如果在领导或者面试官的面前做出这个动作的话，会给领导或者面试官一个非常不好的印象，在他们眼中你是个不懂得尊重别人、自高自大的人，这样的话对自己的前途是没有任何好处的。

一位联邦警察讲述了这样一件事情：

一位前美国海军少校经过层层选拔被FBI录取了，不久后他便接到了FBI的面试通知。这个美国海军少校成长在美国军事世家中，很早就受父亲的影响而从军。在军队中取得了很好的成绩，他最出众的地方就是射击技能非常强，能够用手枪击中200米以外的一个核桃。可以说他的军事素质非常强。但是这个海军少校却不受其他人的欢迎，因为和他相处过的人对他的印象都不是太好，他们认为海军少校是个狂妄自大、不懂得尊重别人的人。这名海军少校接到FBI总部的面试通知后，便来到FBI总部。面试官是FBI局长和其他一些美国政界的高层，他们从这名海军少校的简历中得知他是个军事技能过硬的军官，而他们正需要这样的人才。这名海军少校在众多面试官面前，没有表现出拘谨而是表现得非常放松，在面对面试官提问的时候，他甚至把脚放到了另外一只腿上，并不停地晃动着自己的身体。面试官们感到非常吃惊，没想到军事技能如此强的海军少校这么没有礼貌。FBI局长不满地同其他面试官说道："在众多面试的人员中，这个人表现得非常特别，别人都是毕恭毕敬地端坐在一旁，可这个海军少校却没有这样做，他把脚放到了另外一只腿上，这样给人很不好的印象，从这一个动作中就可以看出他是个傲慢无礼、不懂得尊重别人的军官，虽然他的军事技能有一定的优势，但是FBI会从综合方面对其进行考核。在这里，不管你的军事技能如何，最看重的却是团队协调能力与个人的行为素质。这名海军少校军事技能虽然过了关，但是他的个人素质与团队协调能力却不符合FBI的要求，所以我们不会录用他。"FBI认为，脚部动作能真实地反映出一个人的性格特征，就算这个海军少校军事技能过硬，FBI也不会录用他。

(5)双脚来回抖动的人

这种人在遇到高兴事情的时候，往往会双脚来回地抖动，好像在庆祝自己的成功。这样的人是内心细致、情绪易受外界影响的人。当他们找出事情真相、收获喜悦的时候，双脚往往会不由自主地开始有节奏地抖动，并随着节拍的变化而变化。在别人看来，他们好像在进行一场有节拍的舞蹈，这个动作是他们发自内心的，丝毫没有掺杂一些别的因素，做这个动作表明了他们内心充满了喜悦并得到了满足感。

FBI认为，从脚部动作判断出来的信号一般都具有很高的可信度。赌徒在赌博的时候，如果是抓到了好牌，他们的这种喜悦不会在脸上表现，而是通过他们的脚来反映内心的喜悦与兴奋。如果你仔细观察的话，赌徒的脚部会来回地抖动。通过脚部信息解读某个人内心变化的时候，还要结合当时的环境，做到认真仔细，这样才能解读出这个人真正的内心变化。

10

FBI从被忽视的躯干中
捕捉到有价值的信号

　　总是把躯干转向一侧的人，这种人在交往的时候，不会直接面对对方的身体，而是把躯干转向一侧。FBI分析得出：这样的人一般都是不善于聆听别人话语的人。FBI经常会说："学会聆听他人，才能受到他人的尊重。"FBI认为，在与人沟通相处的时候，倾听是对他人最基本的礼貌，也是赢得别人尊重的前提。上帝给了我们每个人一张嘴巴、两只耳朵，就是要我们多聆听，少说话。其实在人们的实际生活中，最受欢迎的是那些善于聆听别人的人，而不是那些口若悬河、喋喋不休的人。FBI通过研究发现，那些人际关系处理得好、善于聆听别人的人，都是最终的获胜者，虽然他们在与人交谈的过程中说的话非常少，但他们还是会受到别人的爱戴。不是他们的能言善辩打动了别人，而是因为他们能认真聆听他人的话语而受到别人的尊重。

　　人们总是乐于关注自己所关心的问题，大多数人都希望别人能够认真聆听自己的话语。认真聆听别人的话语会让你更快地结交到朋友，赢得别人对你的尊重。而有时候聆听并不是简单的保持沉默，只用耳朵听，而是要在适当的时候发表一下自己的意见与建议。聆听一段时间后，适时适当地和说话者交谈几句，给讲话人以恰当的回应。

如果我们在与别人谈话的时候只是一味地用耳朵来听，而不用心认真观察对方的心理变化，就不会达到聆听的效果和目的，结果只会让别人认为你只是在敷衍了事、浪费时间，并不关注对方所表达的意思。真正意义上的聆听是用心、耳朵、眼睛同时去做的一件综合程度很高的事情。我们不仅要学会用耳朵去聆听，更重要的是要认真地用心去聆听，只有认真地用心聆听，才能真正了解被聆听者内心所要表达的真实意思，才能更好地了解并认识他，从而使两个人形成情感上的交流，促使两个人之间形成良好的互动关系。

结合自身多年的实践经验，FBI认为可以通过总结一些经验从而得出认真聆听他人讲话的方法：

首先要保持自己良好的心态。FBI把良好心态作为聆听的第一要素，他们认为，良好的心态是认真聆听的关键，如果一个人在聆听的时候表现出非常高的热情，那么交谈双方的沟通将会十分顺畅；如果从一开始就没有保持良好的心态，那么对以后双方的交谈都是不利的，使双方的沟通效果达不到理想状态。所以FBI告诫人们说："当你们和别人沟通的时候，一定要保持良好的心态，并时刻保证大脑处于警觉状态，每时每刻都要从被聆听者的思维角度出发，只有这样才能达到沟通与聆听的终极目的。"

其次作为聆听者聆听时要配合恰当的动作语言，当和别人沟通的时候，应该注意在适当的时候表现出自己对某个观点的认可，可以用点头、微笑等方式来向被聆听者传递这样一个认可的信号。当被聆听者看到你的这个肯定信号以后，会更加有信心和你倾诉，你也会受到被聆听者更多的尊重。反之，当被聆听者和你倾诉的时候，你总是单纯地用耳朵听，而不是用心听，就谈不上运用动作语言了，你们之间的沟通也就成了表面化、形式化的单方诉说了。在聆听别人的谈话时，有的时候保持沉默是非常明智的选择。它也是人际沟通中的一种有效手段，就像是乐谱中的休止符号，适当的运用会起到非常好的效果。但沉默绝不是一味地沉默或者漠不关心，如果沉默使用不得体，可能会产生相反的效果。当向你倾诉的这个人情绪比较激动的时候，此时的他已经听不进任何人的劝告，这个时候，你就应该保持沉默，适当保持一段时间的沉默可以有效缓解谈话人的情绪，此时只有沉默的方式才是解决向你倾诉的人情绪激动的最佳方法。但是，沉默一定要在适当的时候才能体现出它的价值。

再次就是要耐心聆听倾诉者的话，在谈话过程中不要随便打断他们，当倾诉者向你倾诉的时候，无论对方倾诉什么，都要尽可能保持安静或者平和的状态。也许由于自身情绪激动等原因，语言可能有些语无伦次，甚至词不达意，还可能出现言语过激甚至语言攻击的情况，这时候的你就应该耐心地聆听对方的倾诉，即使你可能对对方的讲话表现出不耐烦的情绪，也要尽可能让对方把话说完，不要在他们讲到情绪高涨的时候打断对方的话，如果贸然打断对方的话可能对他们产生一些不良的心理影响，例如可能会出现悲观失落的情绪。在对方眼中，最讨厌的就是当自己讲得起劲儿的时候遭到了别人的打断，这样会使他们觉得没有受到重视，不被尊重，因而会对这个人满怀埋怨，影响到两个人日后的关系。

最后要想让别人对你的谈话感兴趣，就必须要认真聆听别人的倾诉。尽可能和对方沟通一些双方都感兴趣的话题，并适当夸奖对方在工作上取得的成绩。总之，聆听别人诉说的时候一定要做到耳到、嘴到，心到，充分准确把握好说话的时机，才可能赢得别人的信任。

形体背后的蛛丝马迹
可以看透人心

FBI认为，形体语言是人们社交过程中的一种语言，是看透人心的一种方式。事实正如FBI所想的那样，虽然一个人没有通过语言来表达出自身的想法，但通过其形体就已经可以观察出其内心的变化情况。这些形体的变化情况可以真实地反映出一个人内在的性格特征，通过形体的背后反映出来的蛛丝马迹可以很容易看透人心。那么形体背后反馈出来的哪些信息可以看透一个人的内心呢？FBI从以下几个方面对其进行了阐述。

（1）从一个人的体型中看透这个人的心理

FBI认为，体型是一个人给别人留下印象的第一个因素，不仅可以显示出一个人的整体轮廓，而且是一个人与别人交往过程中让别人记住的有效方式。人的体型有以下几种类型：

①体型总体偏大，身体圆圆胖胖的类型。

FBI认为，这样的人性格一般是开朗乐观的，他们非常喜欢与别人交往，尤其会主动和陌生人说话，他们性格温厚，非常受周围人的欢迎，当别人遇到困难的时候会主动去帮助别人，在别人眼中他们就是一个好人。他们的忍耐力非常强，即使在工作或生活中遇到不公正的待遇，他们也没有怨言，而是踏踏实实地做好自己的本职工作。凭借这样的性格特征，和同事的关系处得非常好，老板也愿意提拔他们。

FBI曾经作过一个有趣的培训，他们通常是三个人一组被派到美国人流较多的地方，观察体型偏大的人的特征，然后对此总结出对这些人的性格分析。其中一个人会被派到人流聚集的商业街，另外一个人被派往游人多的公园，最后一个人则被派到地铁门口。就这样FBI对这些人的观察活动开始了。由于行人过多，他们会把见过的每一个行人的体貌特征详细记录在小本子上，以便于日后总结。在观察中FBI发现，那些体型偏大的行人数量不是很多，但是他们都表现出一个共同的特点：他们在走路的时候会昂首挺胸、充满自信。

②体型纤瘦、身体苗条的类型。

FBI认为，这样的人性格非常刚烈，给人的感觉是冷酷的。他们目光有神，脾气非常怪异。当别人的意见和自己的想法相冲突的时候，他们经常会和别人歇斯底里地大喊，直到对方被迫同意自己的观点为止。他们对物质和权力的追求是无止境的，也幻想着一夜暴富，对金钱非常看重，当别人向他们借钱的时候，他们不会轻易借，总是以种种借口拒绝别人借钱的请求。他们是敏感多疑的，经常会和别人因为一件小事而发生争执，并吵得不可开交。在别人的印象中，他们是不讲理的，也是不可能长久交往下去的对象。

FBI到一个救助站中进行调查，这个救助站中聚集了从美国各地涌来的被救助对象。这里的人们有高有矮，有胖有瘦，但是一位身材瘦小的中年女士吸引了他们的目光。FBI看到这名身材瘦小的中年女士后，第一个印象就是这名女士一定是个有故事的人。经过询问救助站站长并对被救助对象进行仔细观察，FBI发现，这名中年女士很有可能与一起拐卖儿童的案件有关。据FBI总部传来的消息称，一名拐卖三十多位儿童的女子已经假扮成被救助的对象混入救助站，以逃避法律的制裁。于是FBI对这名中年女士展开了秘密调查，并把她的一举一动都及时反馈到FBI总部。经过长达两个月的秘密跟踪，FBI发现这名中年女子的行踪非常可疑，白天她会装扮成可怜的被救助对象，而只要天色暗了下来，她就会悄悄溜出救助站，进行犯罪活动。掌握了这个有利的证据后，FBI便对这名中年女士展开了抓捕，并成功破获了一起震惊美国的拐卖儿童案件。

（2）从身高中对人们内心的解读

身高是一个很重要的信号，通过这个信号，不仅可以直观地看出一个人外在的体形，还能大体分析出他们的性格特征。FBI多年的研究经验总结出以下几种身高特征：

①身材高大魁梧型。

FBI认为这样的人一般情况下性格非常刚强，他们有强烈的进取心。他们具有快人一步的精神，更不会被别人落在后面，每时每刻都激励自己不能让别人超越。他们大多是精力充沛的，最大的优点就是有着非常强的自信心，当他们从事一件事情的时候，会坚持到底直到成功。他们思维非常敏捷，也非常乐意帮助别人，反应非常机敏，能当机立断，当出现紧急情况的时候，他们会表现出非常理性的态度，能及时地处理好危机。他们总是会对别人抱有很高的期望，希望其他人能和自己一样努力地工作，也希望其他人能和自己一样对工作认真负责。当别人与他们的想法出现背离的时候，他们会牢骚满腹，指责别人，他们不希望看到这种情况出现。他们与生俱来就具有很强的人格魅力，非常受同事和朋友们的喜爱，这些朋友和同事都愿意和他们交朋友。他们在工作上有着非常强的纪律性，会把工作做到一丝不苟，直到让领导满意为止。他们不会出现被别人催促工作的情况，在他们看来，被别人催促工作会影响到他们工作的积极性。他们非常喜欢结交新朋友，非常擅长社会交际，在社会交际过程中，他们有说服别人的能力，会把原本复杂的事情变得非常简单。他们还具有独立自主的特性，他们不会依赖别人帮助自己完成某一件事情，会首先通过自己的努力去做某一件事情。他们认为，过分地依赖他人会对自己的成长产生不利影响。他们在追求成功的道路上会表现出不怕吃苦的态度，一旦有了自己的目标，就会向着这个目标努力，有一种不成功不放弃的决心和勇气。无论面临多大的阻力与压力，他们都会按照自己的方式去做某一件事情，不会半途而废。他们具有的这些品质使他们可以得到成功的机会，没有任何困难能够阻碍他们。他们具有敏锐的洞察力，也能够做到知难而退，做到游刃有余。

②身材矮小型。

他们非常机敏，对事物都有自己的看法和观点。他们从小似乎就比较有天赋，会把在常人看来是不可能完成的事情用自己的方式去完成。他们能很快地解决别人不可能完成的事情，关键时候总会有意想不到的行为。他们非常喜欢用科学的手法去论证一些事情。他们对数字非常敏感，通常能计算出非常复杂的运算。他们在语言方面也有非常高的造诣，甚至精通好几个国家的语言，无论什么场合都会把自己的这个才能发挥出来。他们在旅行中表现出对事物强烈的好奇心，而这些好奇心正是引导他们解开疑问的动力，他们会把这种好奇心带到生活中。通常他们在经济上会依赖于他人的帮助，当他们手中没有钱的时候，首先考虑的是去向别人借，而不是通过自己的努力挣得，总是抱有一种依赖的心理，认为向朋友们借钱比挣钱要快许多。他们通常都不是好员工，因为在他们的骨子里面与生俱来就有要自己创业的欲望，给别人打工只是暂时的，最终他们还是会做个自由职业者，他们觉得朝九晚五的生活对他们来说过于单调与乏味，他们只追求无拘无束的生活状态。他们崇尚自由，虽然没有过多的钱财，但他们还是会过得很快乐。

③竹竿型。

FBI这样评价他们：虽然他们在身高上给人一种缺少力量的感觉，但是这些人似乎一直是强大的胜利者，他们从来不怕任何困难，在生活或工作中也会以自信的心态去面对每一个困难，他们在追求成功的道路上总是会全力以赴，在这个过程中会不断地勉励自己一定要成功，只有成功才能做真正的强者。他们在接到领导的工作指令时，会立即拿起手中的笔和纸认真地记录好领导下达的工作指令，然后会拿着这张纸马不停蹄地去落实领导下达的工作任务。这些人总是用艰苦的努力作为自己前进的动力。当他们在成功的道路上遇到意想不到的困难的时候，他们会勉励自己，然后让自己充满自信地奋斗下去。但是这些人不会接受别人的批评，在他们的脑海中只有他们批评别人的权力而不能接受别人的批评，当别人对他们作出批评的时候，他们大多情况下会捂上耳朵或者选择离开，这对他们的发展非常不利。虽然这些人拥有流利的口才，但他们某些时候正是由于说话过多而冷落了其他朋友，无形中拉开了和朋友之间的距离。

(3)站姿是识别人们内心世界的试金石

FBI认为，站姿是人们内在性格的一面镜子，FBI能从站姿中很清楚地对一个人进行深度剖析，并找到隐藏在他们内心深处的秘密。FBI总结出一些站姿体现出来的性格特征：

①站立的时候身体站得很端正的类型。

这些人天生就具有很强的观察能力，他们在观察事物的过程中总会投入很大的精力，为了能把事物的本质弄明白，他们会牺牲自己休息的时间。在与人的交往中，他们总是能察言观色，同时调整自己的心态与说话方式。当发现某些人在和他们交往的过程中表现出很强的抱怨心理，并把表情都挂在脸上的时候，他们会找借口离开，以免受到这些人坏情绪的影响；如果这些人面部表情显得非常高兴的时候，他们也愿意与之继续交流，只有这样他们才认为双方可以传递快乐。

他们是非常合格的倾听者，注重关心别人，把精力都投入到倾听别人的讲话上。和别人交谈时，他们不会打断别人的谈话，等别人说完后他们才说出自己的想法，这样做既尊重了别人也尊重了自己。和这种类型的人交谈过的人都夸赞他们是最佳听众，他们知道何时发表意见，也知道说话的时机与分寸，能够容忍人们在说话过程中表现出来的烦躁，所以人们大多喜欢和这些人进行交谈。

②站立时总是把身体靠在一些物体上面的类型。

他们给别人的印象往往是缺少礼貌的。FBI认为，这样的人具有双重性格，当他们和别人交往的时候，会表现出挥霍浪费的样子，而当他们在家的时候，一心研读工作报表，从来不买高级化妆品和衣服，也不会把过多的精力花费在旅行上面。他们会用拼命工作来充实自己。当别人看到他们紧绷着脸，没有一丝微笑的时候，都以为他们是非常冷酷的人。可是真正了解这样的人以后，你会发现在他们冰冷的外表下其实拥有一颗火热的心。外表的冷酷只不过是虚张声势而已，他们的内心却是十分火热的，他们会用自己一颗火热善良的心来帮助他人，并且在帮助他人的过程中是不会索取报酬的，这完全是他们真实意愿的表露。

他们是非常有信仰的人，会把自己的信仰融入到实际生活中去，当他们的信仰与实际生活发生冲突的时候，会尽量和现实生活保持一致。

③站立时会把双手放在胸前或者藏在口袋中的类型。

这些人在社会中天生就具有很强的生存能力，在日常生活中也会表现出乐观积极的态度，即使他们遇到挫折的时候，也会微笑着面对人生。而他们也想通过自己的这种行为来感染身边的每一个人。天生就具有幽默细胞的他们不喜欢被别人当成笑柄，更不能容忍别人的讽刺与精神上的打击。他们是非常感性的人，当受到别人讽刺的时候会表现出不安的情绪。食物、工作、爱情是他们生活中最重要的组成部分，也是他们一生的追求。他们非常喜欢把朋友邀请到自己家中，会在朋友生日的时候送上自己的祝福，这些祝福是发自内心的表达。他们具有的幽默感非常有助于工作上的成功，当他们向别人微笑的时候，别人也会向他们微笑，就是在微笑的带动下，他们能处理好和同事之间的关系，而同事也都愿意和他们相处，因为能从他们身上感受到最大的快乐与放松。这种人格魅力会一直伴随着这类人一生的发展，这使得他们在成功路上收获了比别人更多的赞誉。

FBI的性格心理学：
性格体现内心的真实想法

　　从性格中分析一个人内在的心理特性是FBI要掌握的一项技能。FBI认为，一个人外在的表现能够真切地反映出他内心的真实想法。FBI总结出一套完整的理论方法，这些方法为提高他们的工作质量与工作效率创造了必要的条件。他们对性格心理学方面的研究也为其他人提供了一定的借鉴。

分析距离背后的变化
看透对方的性格特征

　　FBI发现，人们在社会中，都希望获得一定的安全感。为了得到这种安全感，他们在与陌生人交往时会与这个人保持一定的距离，通过这样的方式给自己留出一片私人空间，这样，他们心理上才会感到安全。

　　人们经常有这样的感受：去餐厅就餐的时候，如果和自己同桌的是一个陌生人的话，会感到非常不自在，有人甚至会表现得非常懊恼。为了避免这种情况的出现，人们会想出各种办法，如在椅子上放上自己的物品，表示这个座位已经有人，不希望其他人再来坐；在乘坐交通工具的时候，有的人会把自己的包放在空位上，这样相当于给自己设置了一个空间；乘坐电梯时，被别人挤到的时候，浑身会感觉不舒服，赶紧把身体移到角落中，此时有人内心会非常焦虑，很想尽快走出电梯，因为感到有人闯进了自己的私人领域。

　　FBI认为，每个人都需要一定的空间，人们对空间的需求不受年龄、性格、收入、社会地位等的影响。研究表明，男性比女性对空间距离的渴望更明显，因为男人承担了社会生活的大多数责任，他们不仅需要必要的鼓励，更需要一定的空间距离。如果男人缺少空间距离，他们就会感到非常无助与焦虑。性格内向的人比性格外向的人对空间的需求更为强烈。而这种情况在陌生人之间表现得最为直接。当两个陌生人交往的时候，由于彼此对对方都不了解，双方都会给自己留出足够的空间距离，以保障自己的安全。与认识的好朋友或者亲人在一起的时候，这种空间距离感就会小很多，FBI认为这是他们彼此间的信任所致。我们可以看到两个情侣手拉手走，但很少会看到刚认识不久的两个人会表现出这样的动作。因为情侣之间已经交往很久，且双方已经建立了信任，而后者由于交往时间短，或是关系疏远等多方面的原因，所以不会有那样的动作。

对犯罪者的研究也说明了同样一个问题。那些有着极端行为的犯罪分子作案的时候，有一个共同的特征：他们都是对空间要求非常强烈的人。当有人贸然闯进他们内心的私密空间的时候，他们往往会采取一些行动。这些行为在开始的时候可能会表现得很温和，但是一旦别人没有退出他们的私密空间，犯罪分子就会对他们实施犯罪行为。此时犯罪分子内心已经达到了忍无可忍的地步，他们再不会坐视别人继续侵犯他们的空间。美国加州曾经发生过一起凶杀案。犯罪分子是一个大学的教授，此人在学校中的表现非常好，不管是学校领导还是他教过的学生对他的印象都不错，都觉得他是一个学术过硬、平易近人的教授。而这名教授却与一场凶杀案件有关系，这让很多人非常不解。FBI经过调查得知，这名教授在学校非常受学校领导和同学们的欢迎，但是他却是个压抑自己的人，而这一点在他的家庭生活中可以很好地体现出来。这名教授的家庭生活不太幸福，妻子是个蛮横无理的人，经常对他乱发脾气。不光这样，还经常无休止地干涉教授的工作，不仅不支持教授的工作，还经常随意把教授没发表的科研论文撕毁。开始的时候教授还会和妻子进行沟通，并倾听她的想法，但是妻子不仅没有收敛自己的行为，还变本加厉起来。对此，教授开始变得烦躁，并怀疑妻子的意图，他们之间的这种矛盾没有得到有效化解，在沟通无效的情况下，教授采取了极端的行动。

FBI在对这位教授的审讯过程中，不断问他一些问题："你为什么要对你的妻子下此毒手？"

"她不懂得尊重我。"

"这个理由不能成为你犯罪的根本原因。"

"此前我多次与她沟通过，但是没有引起她足够的重视，反而继续冒犯我，并触碰到我的底线。"教授说到这里放声大哭了起来。FBI从教授的描述中得知，他的妻子由于不懂得收敛而触碰到教授的底线，使教授缺少必要的空间，这个时候教授感到更多的是内心的压抑与怨恨，于是悲剧发生了。

对此FBI告诫人们，在与人交往的时候，一定要与其保持一定的距离，给对方留出足够的空间，不要让对方感觉到你的咄咄逼人。如果总是挤压对方的空间，会使对方感觉到厌烦，那么对你的印象不会很好。

FBI从对空间的渴望和态度方面，总结出以下一些人的性格特征：

（1）保持亲密空间的人

FBI认为亲密空间的半径最小，也是一个人最重要且不可以被轻易触碰的。这个距离一般只有在自己的家人、密友、情侣之间才会出现。只有和他们感情最近、关系最亲近的人才能进入到他们的空间中，而关系不好的人不要抱有侥幸心理贸然闯入他们的领地。如果无意中进入到这块领地，也许会得到他们的谅解，也许会被提出警告，甚至会发生肢体冲突。他们的性格往往是变化无常的，会随着周围环境的变化而变化。他们一直遵循"人不犯我，我不犯人"的原则，做事做人非常讲究原则，但是缺少对人的宽容。

FBI认为，任何人都要学会宽容，宽容是一种修养，一种美德，一种做人的境界，更是一种非凡的气度。

但是对于保持亲密空间的人，这种宽容并不是无休止的宽容。当这些人的私密空间遭到别人无情进犯的时候，他们就会采取非常果断的行动，先向进犯者发出警告，在警告无效的情况下会实施一定的行为动作。在他们看来，一切事情都可以迁就，但是对于任何想贸然侵入自己私密空间的人没有一丝商量的余地，也不会听任何借口。这种人在众人眼中就是一个做事讲原则、立场十分坚定的人。

（2）留出私人空间距离的人

这样的人很冷静，对自己喜欢的人也表现得很冷淡，不会轻易地流露出来，更不会冲动表白。但他们如果对某个人有好感，会留意那个人的行为举止。这样的人爱情发展的速度不会特别快，一见钟情的事很少发生在他们身上。他们对外界有距离感，也不会让恋人完全融入自己的世界里，而是与对方保持一定的安全距离，在这个距离之外观察对方。这样的人是一些有着多疑性格的人。他们与任何人交往的时候都会留出很大的空间距离。在他们看来，任何人都是不可信任的，只有留出足够的空间距离，才能保证他们的安全。FBI在对这种人的研究中发现，这种人性格孤僻、生性多疑，不会对任何人抱有信任的态度，这与他们的成长经历有着非常紧密的关系。拥有这种性格的人其家庭生活往往是不幸的，可能在他们很小的时候就遭遇了父母离异，他们在这种缺少关爱、缺少亲情的环境中长大，内心深处不会对任何人、任何事抱有希望。在他们看来，只有自己才是值得相信的人。从他们的成长经历和性格表现看，这些人虽然性格孤僻，但是内心深处还是希望与别人沟通的。

2

FBI从细节中探知
对手的心理特点

FBI认为，每个人的性格特征存在很大的不同，从他们的举手投足间能够探知出他们的心态和心理特点。而这个探知的过程需要结合一定经验，这样才能从一个人细微的变化中透视出他的心理特征与行为语言。

从实际观察中，FBI发现了以下这些人的一些心理特点：

（1）主动帮助对方的人

在帮助对方的过程中发表自己的意见，这种人性格一般都是外向的，内心充满了积极向上的精神。这种人能赢得别人的尊重，他们不仅能够主动帮助别人，还是一个善于思考的人。

可以说，懂得主动工作、积极思考的人都是对工作充满了热情的人。毫无疑问，这种人的进取心多数都很强，而且都希望通过自己的努力在生活或工作中取得一些成就。事实上，他们也确实能够通过自己的努力在某一方面取得一些小成功、小成就。毫无疑问，这样出类拔萃的人肯定会赢得别人的信赖，进而得到别人的帮助，成就自己的一番事业。因为所有人都乐于帮助出类拔萃、积极上进的人，这样的人即便是遇到困难，也不会委靡不振，因为他们总是能散发出一种乐观积极的性格魅力。

(2)交谈过程中不断搓手的人

FBI一语道出了这种人的性格特征：他们有着非常严谨的性格特征，同时更是充满危机感的人。"危机感"一词由来已久，可"危机感"真正包含的意义到底是什么，却几乎没几个人能将其说得清楚明白。其实，"危机感"源自医学用语，一般指人的身体遭遇某种情况时，所导致的濒临死亡或者是生死难料的一种状态——其间有生的希望，同时还有来自于死亡的威胁。逐渐地，"危机感"就被人们演绎成了不可预期、难以控制的某种局面了。

对所有企业而言，危机感几乎是客观存在的。因而，企业管理者作为企业的经营者和决策者，必须要树立起强烈的危机意识，进而练就一身能够在危机感中生存的本领。

(3)向别人吐烟圈的人

FBI认为这样的人是不懂得尊重别人、心胸狭隘、多疑多虑的人。FBI认为，心胸不广阔的人，自然是心胸狭隘之人。可以说，不论是在生活中还是在工作中，都没有人愿意和心胸极为狭隘的人打交道。一旦人们碰到这样的人多数情况下都会对其避而远之。

可以说，这种人的一生都很难成就大事，不能容忍别人的能力比他们强，其他人只能是一些平庸之辈。FBI通过在实际生活中观察发现，多疑多虑是这种人最显著的特点。在工作中他们往往带着固有的成见，通过想象把工作中发生的一些无关紧要的事件拼凑在一起，或者是无中生有地制造出一些事件，进而达到证实自己的目的。不仅如此，这种人还会把员工无意识的一些行为表现，误解成别人对自己怀有敌意，而且还会在无任何根据的情况下就怀疑别人对自己进行欺骗、伤害、暗算和耍弄阴谋诡计，有时甚至会把别人的善意曲解为恶意，从而与人产生隔阂。FBI认为，心胸狭隘的人，为了保持自己的光环，常常使用的手段就是压制员工。所以，千万不能跟心胸狭隘的人打交道。即便是你一时没有擦亮眼睛，选择了一位心胸狭隘的人，也千万不要犹豫，要马上离开他。在这样的人手底下做事，你是永无出头之日的，哪怕你才华横溢，能力超凡。

3

性格分析中的个体差异
在工作中的重要性

　　FBI对性格的分析一直没有停止过，并在发展过程中不断强化对性格方面的研究与分析。经过多年研究，FBI已经掌握了一套性格分析的方法，这些方法不仅积累了他们在实际办案调查过程中的经验，还为人们研究性格心理学提供了借鉴。

　　在现实社会中很多人的性格非常怪异，他们不懂得去关心和爱护别人，并且表现得非常任性。FBI从心理学角度认为，在生活中没有理解他人之心，不懂得用理解他人之心包容别人的失误或者缺点的人，其人格是不健全的。能否理解他人与人的健康也有着密切的关系。有不少人都这样感叹："虽然金钱越来越多，物质生活也越发地丰富，可是却感受不到幸福。家里的幸福和温馨早已经不见了踪影，回到家除了吃饭就是睡觉。"在这种情况下，没有理解他人之心的人们就会在别人面前抱怨个没完没了，说别人不关心自己。

　　每个人的性格都会存在差异，有的人的性格积极向上，有的人则消极悲观。那些积极向上的人都有很强的上进心。上进心，顾名思义就是指一个人所具备的一种奋发向上、积极进取的心态，又是一个人要求进步、不甘落后于别人的一种心理意愿，同时还是一个人勇于开拓、奋勇拼搏的一种内在动力，更是一个人坚持自己的理想、追求思想信念的一种精神。此外，它也是引领一个人不断地谋求发展的一种精神导向和动力之源。人们能够取得成功的主要原因就在于他们拥有强烈的上进心。上进心是一个人形成健全人格的一种必不可少的心理品质，同时也是成功者获取成功的决定性因素。

FBI认为，对于大多数人而言，上进心无疑是工作道路上的灯塔和航标，拥有了它，就意味着你的工作之路有了发展的方向和目标。在工作中只有拥有了上进心，你的职业道路才会走得更顺畅。试想，一个人在踏上职业之路之后，在工作中干什么事情都拖拖拉拉、懒懒散散的，那么何谈业绩，何谈提拔、何谈重用、何谈加薪……对一家公司而言，懒惰之人是绝对不可留的。

FBI经常说："懒惰与贫穷若是一对亲姐妹的话，那么，懒惰与消极就是一对孪生兄弟。"对人类而言，懒惰是一个非常不好的恶习。假定一个周围生活的全是这类人，那么这个人的一生都不会有大的发展。要知道，懒惰的人是没有上进心的，而没有上进心的人，常常是生活在浑浑噩噩之中，又何谈发展。因而，若想你的人生有一个好的发展，那么在结交朋友的时候就一定要注意了——千万不要结交天性懒惰的人，一定要结交拥有上进心的人。只有结交了拥有上进心的人，你才能在与之共勉中取得长足的进步，从而获取一个成功的人生。

在工作或生活中，人们常常会见到这样的人，这些人对自己前途不明朗的现状无法接受，所以就借助频繁的跳槽来寻找发展的正确方向。

面对这种情况，又该怎么办呢？FBI认为，首先，要快速地静下心来分析一下自己存在的问题，然后再去仔细地分析一下尔的工作环境，找出真正的原因之后，再选定一个正确的发展方向。可以说，在工作或生活中，找到一个性格好的人就等于为自己寻找到了一个充分展示自己才华的舞台。

因而，在工作或生活中想要快速地取得成功，就必须要找到性格好的人，再选择准确的发展方向。否则，就注定了要走很多的弯路，花费更多的时间和精力。

FBI从男人的面子分析出
他们内心的性格特征

FBI认为，每个人在社会交往过程中都会顾及自己的面子问题，男性尤其看重这一点，他们觉得面子涉及到自己的人格尊严问题，也关系到自身事业的发展。FBI通过一个男人的面子来分析这个人内心世界的变化以及这个人的性格特性，从而根据他们个人的性格特征安排适合他们的工作任务。

男人对面子问题一直都非常看重，他们无论在生活中，还是在工作中，都会认真对待自己的面子问题。在他们看来，面子问题是男人必须要经营好的一项至关重要的工作，如果不在意面子的话，自身的信誉将可能大打折扣，更重要的是男人会因丢面子而产生心理负担。

FBI对一个人的性格分析有他们自己专业而且高超的方法，他们认为，从一个男人的面子中，可以很清楚地分析出他的性格特征，对此FBI总结出以下一些男人的性格特征：

（1）在与异性交往的时候，会把事先要购买的物品清单记录在本子上

FBI认为这种人虽然有顾及自己面子的意识，但是他们却是心胸狭小，会算计的人。这种人有很强的"成本控制"意识，因而他们适合自己开办公司。公司的老板们要想公司能够在自己的带领下不断地发展壮大，节节攀升，就必须具备很强的"成本控制"能力。当然这里的"成本控制"能力是一种有效的工作方式，而不是简单的省钱和小气。

可以说，"成本控制"对于一位掌控公司的老板而言，绝对是一项艰巨而长期的任务。这就需要老板要有足够的耐心，潜心修炼好控制成本的本领，以便自己的公司在发展中壮大，令事业发展到一个全新的高度。

FBI认为，虽然这样的人非常适合自己开办公司，并能够把公司成本有效控制在一定范围之内。但是他们这样的性格不适合与异性交往，尤其是那些比较看中物质的异性，在那些异性看来，他们过于小气，是不值得长久交往的。

(2)男人为了面子，在和异性交往的过程中表现得口若悬河并充满赞美

这样的人通常是那些能说会道的人。他们非常受别人的欢迎，在别人的印象中，他们性格活泼开朗，且能够抓住别人的内心需求。FBI发现，当下已经有越来越多的人意识到说话是一门艺术，而且漂亮地运用这门艺术做起事来常常可以收到事半功倍的效果，但是与能说会道的人交往，要防止他们光说不练。

FBI认为，首先要找到适合自己的说话风格。通常，该风格要以自己的特质作为基础，同时还要能够彰显出自己的个性。此外，更为关键的一点就是说话的时候将此风格淋漓尽致地展现出来，使你所说的话达到最好的效果。

正常情况下，性格温柔的女性应该建立起一种以柔为主的说话风格，以文静、轻柔的方式打开他人的心扉；性格活泼开朗的女性要建立起一种以干练为主的说话风格，以简练、干净的语言将他人的心扉撼动；博学多才的女人要建立起一种处处都能够彰显出智慧的说话风格，用才学与智慧，将自己的睿智与通达充分展现出来；孤陋寡闻的女人一定要建立起一种以朴实为主的说话风格，朴实不是老土，通俗不是俗气，简洁、朴实、大方的谈话也是很受欢迎的。以最通俗的语言表达出自己的思想，千万不要不懂装懂，以防你在与人交谈时弄巧成拙……

可以说，无论怎样的女人确立了何种说话风格，要想让自己所说的话听着舒服，得到听者的认可，那么你就必须要在说话的时候融入温和、友善的态度。如果在与人说话的时候自然融入温和、友善的态度，所有的事情解决起来就会轻松许多。

很多时候，人们往往用激烈、咆哮的话语无法解决的问题，用友善、温和的话语就会轻松地解决。由此来看，友善、温和的话语能够给人一种舒心、惬意、愉快的感觉。即便需要解决的是很棘手的问题，如果谈话双方能够在平和、友善、互相理解的氛围中进行，那么问题也会在轻松愉快的话语中轻松解决掉。通常，只要说话的双方在说话的时候能够保持温和友善的说话态度，不论说话的双方处在怎样的情境之中，都易于双方的思想交流。而有了充分的思想交流之后，最终就可对某些事情减少分歧达成共识，进而使双方达到共赢的目的，皆大欢喜。在双方进行对话的时候，虽然温和、友善的态度十分必要，适当地融进一些赞美言辞同样也是十分必要的，这些都能够影响最终的结果。要知道，大多数人对于别人给予自己恰当的赞美都会产生愉悦的情绪。如此一来，在愉悦的氛围中进行对话，对话的双方自然会拥有一份好的心情，从而轻松自如地表达自己的意思。

FBI认为，很多时候一句恰当的赞美，不仅能够给人带来舒心的感觉，还能够产生令人意想不到的效果。因而，人们一定不要吝啬自己的赞美之语。如果在生活中你常常用赞美之语赞美你的丈夫，不仅可以提升你丈夫的自信心，而且还能够使他更加珍惜你，欣赏你，疼爱你，从而使夫妻关系更加融洽。如果在生活中你常常用赞美之语赞美你的孩子，不仅能够使他更加上进，而且还能够使其内心与你离得更近；如果在职场之中你能够常常用赞美之词赞美你的同事，不仅能够使你与同事处在和谐的氛围之中，而且还能够在有升迁机会的时候得到同事们的投票。

在有些人看来，赞美是一把火炬，不仅能够照亮别人前行的道路，而且也能够将自己前行的道路照得明亮；赞美是一剂粘合剂，在你发出赞美之语之后，能够把你与被你赞美的人的感情粘合得更加紧密；赞美是一缕春风，在你发出赞美之语之后，能够将被你赞美的对象心田里的小草吹拂得微波四起；赞美是一束悦目的鲜花，在你发出赞美之语之后，能够将被你赞美的对象的生活点缀得色彩斑斓，多姿多彩；赞美是一根雪糕，在你说出赞美之词之后，能够将被你赞美的对象在夏日里的闷热清除，带来些许凉意……

在社会中，在生活中，几乎每一个人都认为自己是所处环境中最重要的、不可忽视的一员，而且在自己看来，自己所做的事情都是正确的。不仅如此，在自我认可之后，人们还需要得到别人的认同。毫无疑问，得到别人的认同，实际上就是得到别人的赞美。

事实上每个人都渴望得到别人的赞美。因为得到别人的赞美，就意味着自己得到了认可，就意味着自己所做的事情是对的，这不仅是一种语言赞美或者表面认可，更是一种深层次的认同。

虽然赞美的话语是每一个人都乐于听取的，但并不是所有赞美的话语人们听了都会高兴。这是因为赞美之语是不真实的、虚假的。只有最贴切、最真实的赞美才会达到理想的效果。也就是说，赞美别人也要合乎时宜，适可而止。好话谁都爱听，听了都会高兴，但是只有真实的、真切的、真诚的赞美才会令彼此愉悦，达到良好的谈话效果。

(3)在公共场所故意发脾气的男人

FBI认为这样的人性格多是内向且多疑的。从一个侧面反映出这个男人内心的脆弱。经常可以看到这样的情景：某一个男人在工作中往往会朝着一个人大吼，究其原因，原来这个人无意中把这个男人的杯子碰掉了，这个男人为了挽回自己的面子，向其他人表明自己不是好惹的，为了维护自己的利益，于是他便向这个人大吼起来。在他看来，经过他的大吼以后，别人都会因惧怕他而不敢轻易去冒犯他。FBI把这种人称为"自欺欺人"的人，他们经常是一些经不起任何打击的人。其实他们这样做的结果是与目标相反的。遇到任何困难都会比其他人提前放弃，而不是迎难而上，积极寻求解决问题的办法。

FBI认为，每个人都有不同的个性，就像是未经河水冲刷过的石头一般，总有自己的棱角。正是因为这样，很多人在年轻的时候不懂得顾及自己的面子、不懂得适当放弃。在经过了岁月长河的打磨后，他们的棱角经过不停冲刷，变得圆润起来，此时的他们，懂得了什么是妥协、什么是面子问题，也就是经历后才知道事情的全部，才能学会选择。

人在年轻的时候，青春就是资本、是魅丽、是活力，更是财富，所以青春是中老年人最羡慕的时光，因为青春意味着无论你失败过多少次，莽撞过多少次，你都可以重新来过，意味着你不怕失败，输得起，所以才有句话叫做"初生牛犊不怕虎"。因为青春，所以我们拥有足够多的时间。但是这样的资本不可以浪费。因此，人们面对选择的时候，通常都不会放弃，只有经过了一番挫折，在前进的道路上冲撞得头破血流的时候，人们才会明白自己不能只倚仗自己的年轻、无所畏惧地向前冲。在前进的时候，既要有勇，也要有谋。每个人都会感怀自己年轻的时候，觉得年轻的时候真好，就像是一张白纸，还没有被社会这个大染缸调上颜色。拥有使不完的力气和一个缺乏经验但却不缺乏想象力的头脑。正是这种性格才给年少的人们的发展带来一些挫折和阻力。

虽然以上只是FBI判断性格特征的一些简单方式，但却在实际生活中给人们提供了借鉴，而FBI对性格心理的研究还将持续下去，他们也会与实际案例有效地结合，并不断结合国际形势作出更加详实的分析与研究。

内心性格的特性体现
在外在无形的动作中

　　人的性格变化莫测，在不同时间和地点也会表现出不同的性格特征。每个人表现出来的特征都不一样。FBI认为，每个人的心理或多或少都会存在着一些烦恼，而有些人正是因为不知道如何消除烦恼，日积月累后，心理便会产生忧郁情绪或消极的想法。这时候，烦恼已经成为一种致命的烈性毒药。因此，现在很多人都提倡亲近自然，消除忧郁，这些方法或许有些用处，但是对于那些不肯轻易放下内心的忧虑和烦恼的人来讲，再轻松的生活他们也感受不到，再美好的景色他们也无暇欣赏。人们只有放下烦恼，抛开那些忧郁的杂念，才会让自己摆脱烦恼这剂致命的毒药，享受到心底的那份自然的宁静。

　　可以说，一个人只要自己能够将执拗放下、将烦恼抛开，那么即使身在闹市，他的心灵也依然平静；但是如果一个人心有妄念，总有千千结解不开，每天都愁眉不展，即使他身处深山古寺之中，也会被烦恼这剂毒药困扰，无法保持心灵上的平静。只有让自己的心态平和下来，将所有烦恼通通抛开，人们才能获得豁达的境界，才能获得内心的一片清凉。很多人苦于不能及时准确地判断并了解一个人的性格特征，而FBI却能轻松做到这一点，他们是如何做到有效判断的呢？

FBI认为，在复杂的国际形势下，每个人都会表现出不同的性格特征，而性格特征会随着环境的变化而不断变化。普通人很难真正了解一个人的性格特征，最主要的原因是他们被不断变化的环境所迷惑，而没有从一些外在的细微变化中找到答案。虽然这些外在的细微变化不容易被普通人捕捉到，但是这些细微变化的背后却藏有可以真实反映一个人内心性格最有效的方法。这个有效的方法相对来说比较专业，不是谁都可以掌握并且应用的。如何使用这个方法虽然对普通人存在一定的难度，但是只要按照FBI提供的方法去做，普通人也能从中受益，起码可以学习一些简单的方法并用于自己的生活。以下是FBI对一些人外在动作的观察：

(1)与人交谈过程中，胳膊总是抱在一起的人

这样的人崇尚自由，不喜欢按既定的规则生活，不能遵守一些必要的秩序，不喜欢被束缚，喜欢热闹，他们在人际交往中，不喜欢听从别人的指挥，思想比较独立，多数人有我行我素的行为方式。不管是在工作中还是生活中，他们对于别人的颐指气使会特别生气。他们有很好的创新能力，能打破常规，表达自己的独到见解，但不善于自我反省，主观性很强，而且特立独行，不愿听也不会去听别人的意见。他们有天生的逆反心理，喜欢钻牛角尖儿，对于一些既成的观点他们会条件反射似的进行反驳。人们经常看到这样的画面：当一个人受到惊吓的时候，会紧紧地把两只胳膊抱在一起。而这个动作背后说明了什么问题呢？科学家们多年的研究表明：两只胳膊抱在一起是当人类受到外界压力或刺激的时候所表现出来的自我保护动作。这个动作很早的时候就出现了，人们在外捕猎遇到危险的时候，往往会把用硬木头做成的木板挡在胸前，以抵御来自猛兽的袭击，这种方式被认为是人类早期的自我保护的方式。人类发展到一定阶段，随着科技的进步，人们的思想意识也在不断发展。他们认为，把内心的恐惧直接表露出来已经不符合社会发展的需要，于是便无意识地把两只胳膊抱在胸前作为缓解恐惧的一种方式，然而这更多的是人的心理反应。

FBI认为，这样的人往往是一些自私自利、内心充满怨恨的人。他们在生活或者工作中受到别人冷落或嘲笑的时候，会表现出性格中不好的一面——刻薄、充满怨恨。FBI告诫这些人要学会放下怨恨，要大度一些。将怨恨放下，将宽容拾起，能够使一个人心情平和，生活幸福，也是一个人具有大智慧的表现，更是一个人良好心态的表现。

因此，人们不应该执著于怨恨，更不应该吝啬宽容，当宽容了别人的时候，别人也为自己的世界打开了一扇窗户，自己将会看到更美的天空。怨恨往往会让一个人走向极端，变得面目可憎，而宽容则会让一个人的心境更加开阔，面目慈祥，具有平和的吸引力。一个人要明白怨恨只会给人带来无穷无尽的烦恼，只有将怨恨放下，才能将烦恼抛开。如果一直带着怨恨生活，你的优秀品质最终就会被怨恨侵蚀。人们唯有用宽容、用爱化解仇恨，一笑泯恩仇，才能获得更珍贵的友谊和更美好的人生，放下仇恨，用宽容的心拯救自己的仇人是一件非常高尚的事情。

（2）遇事经常会情绪激动的人

这种人的性格是典型的急躁型，他们在遇到事情的时候会表现出不耐烦的特性，他们的占有欲非常强，在其内心深处希望自己能担负起所有责任。FBI认为，欲望是一道难平的沟壑，它总是源源不断地扩张、加深，最终让人因无法承受诸多欲望带来的压力而崩溃。一个人知道了自己的欲望是什么，便知道了性格中最大的弱点是什么。一个人的性格是最难被改变的，但是更加难以改变的是面对欲望的时候，人们能否不被欲望影响，能否不按着内心的欲望而自由支配行为。占有欲强烈的人通常是不受人们欢迎的，很少有人能够和他们真心交往。

去过赌场、看过赌博的人都知道，赌场中的人无一不是在欲望的操纵下迷失了自我的人。即使有些人明白"十赌九输"的道理，但是他们总幻想有一把翻牌的机会，并有将前面输了的全部赢回来的侥幸心理。因此，很多人在短短一分钟的时间里，便输掉了所有家当。投下手中的筹码还是果断离开，这样的抉择看似是由理性做主，实际上一切都取决于贪念。在贪念的驱使下，即使你再坚强，再镇定，也会不由自主地成为欲望的奴隶。赌徒以为凭借着主观意愿就可以将命运改变，但是实际上一旦开始了赌博，就等于开始了一场骗取赌徒理性盲点的骗局。除此之外，欲望当中还有色欲。

一个人如果没有被诱惑，或许还能平静一些，但是一旦接触到了色情影像，或者是赤裸裸的挑逗的时候，即使心性再高、道行再深，也会崩溃，会被满脑子的赤裸画面和性挑逗所引起的色欲驱使，叫人不顾一切忘形地追求性欲，无法掩盖兽性的本能。即使这个人再有涵养、再有学识，即使他认为自己十分尊重两性，当他们面对欲望诱惑的时候，都会将对方视为性工具，认为只有性器官的结合才是真理，变成了伪君子、真小人。要想不被色情诱惑，人们通常想到的是禁欲。实际上，禁欲并非是治本的方法，很多时候，禁欲起到的都是反作用，不但没有将人从欲望中解脱出来，反而让人在欲望的深渊中越陷越深，无法自拔。

因此，想要从欲望中解脱出来，人们要看到自己的弱点并加以限制，从弱点中有针对性地寻找培养定力的方法。治标还需治本，可以说欲望是一个人的天性，每个人都无法避开欲望，但是欲望是可以被控制的，人们无法抛弃欲望，却可以控制自己放下多余的欲望和贪念，将这些多余的欲望转化为自身的能量。性欲萌生于爱情，因此，性欲并不是过错，也不用急于否定它，人们之所以会被性欲控制是因为内心没有摆正它的位置。一个人愿意亲近另一个人，与对方发生亲密的关系，这并非是受色情或者欲望的诱惑，而是全心全意地为对方付出，希望看到自己的付出带给对方幸福。因此，不要让欲望掩埋了你最初的最纯的想法，不要成为欲望的奴隶，在欲望中沉沦。适时的放下欲望，你才能感受到真正的轻松。当人们满足了自己的某种欲望的时候，便会感觉好像是轻松了许多，但是欲望并没有因此被消除，它随时可能会卷土重来，而当它再次出现的时候，会比上一次更加猛烈，甚至会将这种欲望常驻于人们的大脑当中，迫使人们成为满足它的奴隶。而这样的人通常是不受人们欢迎的，很少有人能够和他们真心交往，他们是孤独的、无奈的。

（3）对人指手画脚的人

这样的人事业心很强，对自己感兴趣的工作能投入极大的热情，并且会很努力。他们有很强的爆发力，但因为他们的兴趣不断改变，这种暴发力是瞬间的，很难持久。他们虽然没有定性，但求知欲极强，一旦对哪件事产生浓厚的兴趣，便能把其他的事都抛开，像凸透镜一样把所有的精力和能量都聚焦在这个点上，能取得较大的成就。他们在工作中，行事不够谨慎，边做边想，又不听取别人的意见，只凭自己的感觉处理事情，容易形成蛮干的风格。这种人是典型的跟着感觉走。这样的人反应敏捷、思维活跃，在团队中能出谋划策，也喜欢发号施令。但他们稳定性不强，所以即使做同样的一件事，今天能完美地完成，明天就可能错误百出。他们对价值有自己的判断，一般不以薪酬的高低当做工作的标准，而是以是否快乐为标准，不会为了钱终日做自己不喜欢的工作。

但是这种人最明显的特征就是经常在背后说别人的坏话。很多人这样评价他们："这类人是伪君子，遇到问题不会当面和你讲清楚，而是通过在背后说坏话的方式来达到报复的目的。在说话的过程中，这种人根本不从实际出发，而是有意编造一些谎言，说到兴起的时候，还会配有指手画脚的动作，其实他们说的话未必是事实，很可能是凭空编造，甚至是歪曲事实，在人家原话的基础上添油加醋加工出来。FBI认为这种人的性格非常狭隘，不能容忍别人的错误，是个名副其实的伪君子，而且这种人对别人取得的成功会产生嫉妒心理。

　　FBI认为，嫉妒是一种可怕的心理，它就像是一个恶性肿瘤一样，带来的破坏性十分强大，它会毁灭一个人的人际关系甚至生活，会让一个人不安于现状，会损害一个人的自信心，使其忘掉自己对生活的真正追求和需要。当人们因为不能拥有自认为应该拥有的东西而产生怨恨的时候，或者当人们试着去效仿别人的生活品位的时候，人们自身存在的潜能就无法发挥出来，因为人们花了太多的时间和精力去和别人比较。但是人们永远无法感到满足，因为人们总是感到比自己强的人大有人在，所以无法体会到自己的成就感，变得无力和羞愧，不知道自己想要追求的目标到底是什么，只会对别人不断拥有新的东西产生嫉妒，让自己不快乐。放下嫉妒，放下对别人的羡慕，这样你才不会因为嫉妒和对别人的羡慕而感到不快乐。你要知道，其实每个人的生活并不缺少什么，但是当人们因为没有得到某样东西而感到不快乐的时候，便会嫉妒别人的所得。思维是两面的，你因为得不到自己想要的东西而羡慕甚至嫉妒他人的时候，其实别人也在羡慕你。因为你所拥有的东西，别人未必拥有。所以，嫉妒和羡慕是造成人们不快乐不幸福的原因，只有将嫉妒和羡慕放下，或者将这两种情绪转化为追求的动力之后，你的人生才会出现转折。有些人遇到上帝，能够让上帝满足自己的欲望，这本来是一件非常美好的事情，却因为嫉妒心作祟，使自己和其他无辜的人都因为自己的贪欲而受到伤害，这样又是何必呢？嫉妒是一把双刃剑，在伤害别人的同时，也会伤害到自己。

化妆的态度与方式
暴露出一个人的性格

化妆是人类对自身的一种修饰，用来掩饰自己的缺陷与不足，从而在公众面前充分显示出美丽的一面。化妆不仅给别人以美丽的视觉冲击，还使自己增加了信心。FBI认为，化妆不仅可以增加一个人的美感，而且也能从一个侧面反映出一个人的真实性格。人们无论怎样打扮自己，都不可能完全通过化妆的方式掩饰自己的全部不足。相反，如果一味地想通过化妆的方式来掩饰自己的缺陷和不足，那么很可能达不到预想的效果，反而会更加清晰地暴露出内在的性格特征。

FBI认为，相比男人而言，女人更善于化妆。她们更喜欢通过化妆来增加自己的美感。在时尚之中隐藏着两个词语，其中一个最为关键的是"金钱"，另外一个与之相辅相成的是"智慧"。这也就是说，女人要想不被时尚甩开，既要花费金钱，还要运用智慧。众所周知，女人想要把自己打扮得时尚，入流，买当下时尚的漂亮衣服要花钱，做时尚的发型要花钱，买时尚的包包要花钱，戴时尚的配饰要花钱，而且看时尚的电影、听时尚的音乐会等也要花钱。总之，时尚不能缺了钱。如果某个女人在没钱的情况下还想着时尚，无疑是有些不切实际。不过，一个女人如果只有金钱，而没有智慧也是无法与时尚挂钩。因为只有金钱而没有智慧的女人往往是花很多金钱买回了很多众人都觉得时尚的东西，可是经过她的一番搭配之后，穿出的衣服，拎着的包包，佩戴的首饰等不但看不出"时尚感"，反而让人看着奇怪，甚至有时候还会给人一种土里土气的感觉。也就是说，这样的女人虽然花了很多的白花花的"银子"，可是却并未必能用智慧将自己打扮成时尚美女，反而将自己打扮成了一位"怪女"。更有甚者，为了时尚都把自己折腾成穷鬼，可是也未能沾上时尚的边。毫无疑问，这样的女人绝对是可悲的。如果说没有人生阅历的年轻女人将自己装扮成这样，或许人们会宽容地说她们年轻，另类，喜欢扮酷，进而对其怪样一笑置之，可如果是一位中年女人把自己打扮得怪里怪气，不仅人们不会说她时尚，另类，扮酷，而且还会说她们没有品位，年纪一大把了还想装嫩之类的话。因而，女人在紧跟时尚脚步的同时一定要谨慎，不要误闯时尚的怪圈，把自己扮成了人们的"笑柄"。

FBI认为，虽然时尚如此难以把握，可是时尚却依旧能够让女人为之心动，为之付出。其实，时尚的本质，还是无法脱离生活的。很多时候，简简单单、大大方方或许就是时尚。若想要实实在在地给时尚下一个定义，其实很难。因为时尚这种东西是没有发展规律的，变幻莫测的。在这种概念之下，虽然女人们都讨论着时尚，关注着时尚，可是她们却无法说清到底什么才是时尚，时尚怎么发展，怎么更替。实际上，也正是因为时尚这种东西是随时随地都在变化的，所以需要女人们紧跟时尚的脚步。然而，在生活中女人们虽然都想抓住时尚的要点，可是却往往弄巧成拙。由此来看，时尚并非所有女人都可轻易驾驭的，也不是所有的女人都需要走在时尚的最前沿。

这就需要女人在紧跟时尚的过程中要清楚地知道，时尚虽不可忽视，但它也只是生活中的一个插曲，绝不是超乎生活之上的。通常，女人们只有生活得好了，才能将时尚演绎得更加贴切，更加到位，更加多姿多彩。因而，想要成为时尚的女人，就十分有必要努力让自己吃好、睡好、工作好、身体好、心情好。因为只有一个全面健康的女人才能够拥有好的生活状态，拥有好的生活状态的女人才会更可爱，更有韵味。可想而知，一个可爱又有韵味的女人，肯定可以将时尚恰当地融于一身。显然，这样的女人才是真正时尚的女人。因为从古至今，打扮得过于时尚的女人总有花瓶的嫌疑，也会在很多时候被人贴上不雅的标签。所以女人在紧跟时尚的同时也应不断地丰富自己的底蕴。

毕竟，当下的时代已经发生了很大变化，作为新时代的女性不应再让自己成为装扮男性世界的花瓶，而应在紧跟时尚的同时，不断地增加自己的底蕴，张扬个性使得自己具备一定的审美标准及价值观念，以满足内心的真正需求。换言之，即生活在新时代的女人要运用自身具备的丰富才情与智慧，将旧时代留在女性身上的依赖与从属的阴影清除掉，进而在紧跟时尚脚步的时候更加轻松、愉快地享受生活的美好，做个自在、随性、自我、快乐、幸福的现代女人。

FBI结合社会发展的变化情况以及女人的性格特征分析得出：女人提升外在美，就必须在穿衣打扮上下番工夫。莎士比亚说："衣裳常常显示人品。"因而，女人一定要根据自己的文化修养、知识层次来选择适合自己的服装。可以说，女人选择一身适合自己的服装，再加之高雅的谈吐，那么不论是在职场中，还是在家庭中都能够挥洒自如，展现出非凡的气质，良好的修养，以及自尊、自爱、自信、自强的特质。毫无疑问，这样的女人不论是在职场中还是家庭中都会是一道风景线。因为她们是有色彩的女人，是有内涵的女人，并不是只有漂亮外表的空壳女人。而有了色彩的女人，在绿影阴凉里徐徐走过，不管其身材是修长的，还是娇小玲珑的；不管其动作是温柔的，还是粗犷的；不管其性情是开朗的，还是腼腆羞涩的女性，只要懂得运用五彩给自己着装，那么她就能够为自己增添不少魅力。

FBI认为，女人要懂得将自己打扮得如百草萌发般盛然，如百花齐放般绚烂，将绿、银、金、红、黄、粉融会成一幅多彩雅致的水彩画，在生机勃勃的绿色世界里尽展自己的姹紫嫣红——可以如牡丹般雍容；可以如满天星般雅致；可以如野蔷薇般清俊；可以如雾霭般朦胧；可以如蒙蒙细雨般细腻；可以如夏阳般热烈。总之，女人有权力追求高雅脱俗的精神逸韵，有能力演奏清甜优美的自然旋律，进而在悠扬之中体会脉脉流水似的淡雅，传递给人一种亮而不俗的灵感和意蕴，令悠悠岁月流彩溢金。

女人如花，四季如春。女人一年四季都可以有自己独特的魅力，与四季的风情相结合，更能体现出女人的无限风情。在春天里可以用美妆靓衣来装扮自己，绿叶发芽的时节，将春天点缀得更有情趣和生机；女人在炎炎夏日，可以将自己打扮得如花似蝶，飘逸而又浪漫。撑一把漂亮的花阳伞，梳一款时尚的发型，走在美女如云的大街上，同样可以引来男士们欣赏的目光；在落叶飘飘的秋天，可以毫无顾忌、随心所欲地打扮自己，进而伴着枫叶的火红，丰收的金黄，用成熟的时装点缀秋色的浓意，雅致而又风韵；在白雪覆盖的隆冬季节，依然可以尽显自己的潇洒、风韵，用浓艳的色彩装扮一下自然界的单调和干枯，如雪中怒放的梅花一般楚楚动人，令整个世界都因为你的生机变得热情洋溢。

世界上没有丑女人，只有懒女人。可以说有人群的地方就会有女人，而有女人的地方就有一道亮丽的风景。即使有一天女人不再年轻，她依然可以很美。即便她已经人到中年，她仍然可以将自己打扮得优雅亮丽。毫无疑问，这样的女人走在大街上依然是一道美丽的风景，而且每座城市也会因为拥有这样的女人而风采多姿。如果你是女人，一定不要放过一年四季给你展现不同美丽的大好时机。你一定要精心打扮自己，让自己成为每一个季节里的一道靓丽风景线，让自己成为永远的风景线。

FBI通过从女人对化妆的态度和方式中读出了她们的性格特征：

（1）喜欢化淡妆，但不缺优雅的女人

这样的女人的心理是成熟的，在思想、感情、行动、经济上都具有较强的独立性，很少对别人产生依赖感。在生活中，她们凡事都喜欢亲力亲为，从不依赖别人，即便遇到棘手的事情，她们也会先稳住自己，不使自己惊慌失措，在理出事情的头绪之后，就会按部就班地将其解决掉。其实，这主要是因为这样的女人善于思考、处事干练、能够独当一面，生活中的所有事情对她们来说都不是问题，也能够驾驭好自己的人生。这种女人目光是深沉的，常常会给人们一种冷漠的感觉。这样的女人因为有了成熟，在遇事之后能惊而不慌、忙而不乱，能够镇定自如地将自己所面临的一切现实问题轻松处理好。而且，还能够面对和接受现实，进而主动去适应各种新环境。不仅如此，她们还能够对自己，以及周围的一些事物作出较为客观的评价。虽然她们依旧拥有赋予自己理想的权利，但是她们却绝对不会沉湎于不切实际的幻想和奢望之中。因此，在生活之中她们几乎不会方寸大乱。所以说，这样的成熟女人都是理性的。通常，她们能够较为理性地、适度地把握和处理好一些自己必须面对的问题。其原因是她们的自控能力、抵惑能力、辨别能力、承受能力、调节能力都较强。这是经过时间的打磨之后才造就的。这样的女人通常被称为"气质女人"，她们拥有更多的是内涵而非外表。

（2）无论在工作还是生活中都喜欢浓妆淡抹的人

这样的人性格外向开朗、心地善良，很容易相处。有同情心，心胸宽广、乐于助人。她们有敏锐的洞察力，谁对自己有敌意，她们能马上感觉出来，并且会回击对方的敌意。而对于那些对自己示好的人，她们也能热情地对待对方。她们有很强的好胜心，喜欢占据领导地位，但是有时候会因为太强势而让周围的人感到压抑。这样的人不喜欢独处，更愿意跟朋友在一起或是参加集体活动。同时，口才极佳、风趣幽默的特点能让她们很快成为焦点。她们很自信，不喜欢别人轻易反对自己提出的观点，喜欢和别人一决高低，有时候太争强好胜难免引来别人的反感。这样的女人性格是多变的，角色也是多元化的。在家庭生活中转换着婚内、婚外、婚前、婚后的不同角色——女孩时的任性与妻子时的贤惠，婚姻中的撒泼、情绪化、唠叨嘴，替代了婚前的温柔、可爱、善解人意。然而，这种女人却能巧妙地把扮演的所有角色的优点集聚一身，不仅能够把做母亲时的明智、奉献、大度和做妻子时的娴熟、明理、柔媚恰到好处地糅合在一起，而且能够把做红颜时的开诚布公以及做朋友时的肝胆相照融为一体，这种女人是非常受欢迎的。

FBI认为，或许这种女人是因为成熟的缘故，她们不仅懂得了爱是什么，而且对爱还有了更深层次的理解。因为成熟，她们对感情的追求是执著的；因为成熟，她们在生活中极力地寻找着饱经风霜后的美丽；因为成熟，她们懂得了怎样珍藏感情；因为成熟，她们不会沉浮躁动。

这种女人，懂得在情韵上把握男人的脉搏，在意韵上走进男人的心灵；懂得了在情感上应豁达；懂得如何做才能让自己保持健康；懂得调整自己的心态和情绪，以使自己快乐；懂得怎样去追求生活的质量；懂得怎样去把握随时都有可能发生变化的命运。

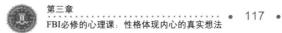
　　FBI就是通过从女性对化妆的态度与方式上清晰地读懂了她们的内在性格。虽然在某些方面对这些人分析得还不够彻底，但是FBI并没有放下研究的步伐，而是结合自身多年的经验，不断帮助人们发现并解读人们内在的性格特征。

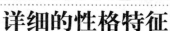

生活习惯中透露出
详细的性格特征

FBI认为，人们在社会生活中会流露出一些感情和欲望，在这个过程中无论是有意的还是无意的，都会通过一些方式表现出来，这些方式会随着时间的发展而形成一种习惯，而这些习惯可以真实地反映出一个人的性格特征。习惯可以向人们反馈出一个人内心世界的变化情况，为更好地分析与研究一个人的性格特征和真实面目提供了参考。

在生活中，有很多事情需要人们去处理，而这些小事的背后却能反映出人的性格变化。FBI从以下一些方面对人们生活中的习惯进行了仔细研究。

(1)结账的态度可以洞察出人们的性格特征：

①购物以后自己亲自结账的人。

FBI认为这些人是做事认真、对工作负责的人，凡事都追求身体力行。此类人在工作和生活中有很高的热情，他们一旦忙碌起来就从来不知道什么是疲倦。尽管工作任务非常繁重，但他们不会影响到工作的进度，他们会以更加饱满的精神状态投入到工作中去。在同事和朋友们眼里，他们是一个不折不扣的工作狂，他们永远保持着旺盛的精力与热情。此类人都有优雅的绅士风度，这与他们长时间在社会交际中的表现有很大关系。除了工作之外，此类人非常关心家人和朋友。在他们看来，家人和朋友是自己最大的财富，也是他们毕生要关心的人。他们时刻留意家人和朋友们的身体健康情况，每年会带他们去医院做个全方面的体检。在饮食上面此类人也会精心为家人设计好食谱，讲究健康的饮食。当他们关心家人和朋友的时候，会把一切的工作都抛在脑后，全身心投入到对家人和朋友的关心上面。他们认为，一时间获取的巨额财富可能会很多，但比起家人和朋友们对自己的重要程度，两者没有可比性，更没有任何可比的价值。他们非常坚信自己能成为生活中的主宰者而不是跟随者，不会为了一时的物质利益而牺牲了对家人和朋友们的关心与爱护。此类人对自己的事业有着很高的追求，在追求事业的同时也会更加关注自己的人生，更加关注自己和家人朋友之间的关系。

②把结账的任务交给别人的人。

这样的人和别人交往的时候不会计较个人的得失，他们是那种只求付出而不求回报的人，他们会牺牲自己的时间与精力去帮助朋友，却忽视了自己的时间。对此他们却认为，帮助别人才能体现出自己的价值。当别人对他们表示感谢并给予物质奖励的时候，这样的人大多会摆摆手。这类人天生就很聪明，有着很强的说服能力，因此受到大家的欢迎，并以这样的人格魅力为自豪。当他们发现事情进展没有向着希望的方向发展的时候，他们会选择放弃。他们不会为自己得不到的东西去奋斗，徒劳无功的结果是他们最厌烦的，也是他们极力反对的。在社会中，当现实的情况与他们所想的发生严重背离的时候，他们会有反抗的意识，认为只有通过自己的反抗才能使收益不受到影响。

③选择电话或者网络方式付费的人。

这样的人在FBI眼中是非常讲究工作效率与节省时间的人。在他们看来，时间就是生命，他们从不会浪费时间，追求更多的是简单快捷的生活和工作方式。这样的人考虑事情周全，他们会对遭遇困难的人伸出援助之手，并一直这样坚持下去。他们知道如何去关爱一个人，愿意用自己无私的爱来关爱每一个需要帮助的人，他们为那些凡事计较回报、个性自私的人树立了榜样。在他们看来，帮助有困难的人似乎是本职工作，他们会受到这些因素的影响而变得更加自信。因为他们对时间非常看重所以有的时候表现得十分冷漠，这种冷漠表现在和别人的交往中。这样的人对自己不喜欢的人或事物都会表现出非常不耐烦的情绪，正是这种态度常常引起其他人误会。这类人脾气非常暴躁，当有人触犯到他们的神经的时候，他们表现得非常激动，也会蛮横起来。其实这些都是他们冰冷的外表罢了，他们的内心还是非常火热的。虽然这样的人在一生的成长过程中总会遇到挫折，但并没有妨碍他们的上进心，他们会把自己的时间和精力都投入到事业的打拼中去，对自己喜欢的事业总是报以很大的自信。其他人的成功能够加快他们努力奋进的脚步。他们不会把时间都花费在休闲上面，而是从一点一滴做起，为早日实现自己的梦想而努力。

(2)购物习惯能够反映出一个人的性格和心理特征：

①喜欢购物的类型。

这样的人在日常生活中穿着非常得体，总给人留下有素养的感觉，他们谈吐文雅，受到大家的喜爱。虽然他们在生活中给人留下很好的印象，但有时候却不够理性。当他们喜欢上自己并不需要的商品时，他们会被商家的广告迷惑住，最终会做出非常不理性的购买行为。这类人中的女性非常喜欢谈论别人的服饰，也愿意把经验向别人传授。这些女性非常在意别人对她所穿衣服的评价。当别人对她所穿衣服不停地赞誉的时候，她们会非常高兴；当别人对她们的衣服指指点点的时候，她们很快就终止对话，生气地走向一边。但是这样的人不是喜欢偷懒的人，他们为了工作每天都会提前来到公司。他们在工作中会适当地休息，知道在什么时候休息、什么时候工作。他们在工作中处处争先，并努力做公司的优秀员工。这样的人在社交中表现得非常活跃，他们会热情地请朋友或同事参加生日聚会，用颇具说服力的语言来打动在场的每一个人。

②天生就具有购物的欲望，见到自己喜欢的会不惜重金购买。

FBI把这种行为称之为"购物狂综合征"，他们是自我意识特别强的人，在购物过程中会把看到的所有好的物品买下。他们在与别人交谈的过程中，总会以自我为中心，告诉他人自己如何如何优秀等，他们不会耐心听取别人的话语，当他人说话的时候他们会打断别人的话，让别人顺着自己的思路去思考问题。他们虽然口是心非，但是还能通过言语来感染一些人。他们相信别人，会非常留意和关切那些对他们有帮助的人。他们的手脚非常灵活，会自己建造房屋，自己修理汽车，并非常善于思考，在更多的时间里，他们的思考时间要比动手时间长。他们认为，只有具有良好的理论知识以后，才能有助于提高自己的实践水平。但他们在购物过程中却不会过度地思考，缺少对自身需求的思考便使得他们失去了购物的理性，从而养成了大手大脚花钱的习惯。他们也非常渴望权力，当他们拥有权力的时候，会借助权力来实现自己疯狂购物的愿望，而这就是他们最致命的弱点。这样的人非常注重自己在社会中的地位，他们努力工作的最大动力就是要满足自己疯狂购物的愿望，他们非常喜欢成功带来的喜悦，也更加享受疯狂购物的过程。

(3)选择礼物的时候发现人的个性：

①选择一些形状非常怪异的礼物的人。

他们在送别人礼物的时候总会给人留下很深的印象，他们会根据别人的性格特征和喜好送一些奇形怪状的礼物。这样的人自信十足，具有很好的天赋，然而在实现理想的过程中他们最大的敌人就是自己。人们都知道环境能改变一个人的品格，可这样的人却要挑战这一理论，他们认为，环境不能够改变人的本质，能改变的只是外在因素。当他们向别人送礼物的时候，会表现出与众不同，他们会用自己的睿智来向人们说明只有他们才是世界上最聪明、最具个性的人，通常这样的人对他们不喜欢的礼物会表现出非常抵触的心理，任何人试图劝说他都会以失败告终。这样的人在送别人礼物的时候非常喜欢和别人开玩笑，会把笑话讲得绘声绘色，而且在讲的同时还会配合一些肢体动作，搞得大家哈哈大笑，这样的人凭借讲笑话的能力为自己赢取到了非常多的掌声，这些掌声对于他们来说非常重要，因为在他们看来，对礼物的赞美是对他们的肯定，对礼物的赞美也为他们增添了信心与动力。

②选择食品作为送礼的物品。

他们是很会享受生活的人，这样的人在日常生活中表现得非常高尚。他们是行为的发出者，也是最有力的执行者。在工作中当接到老板的工作指令的时候，他们在和老板充分沟通以后，便去执行这个指令，即使他们在工作上遇到一些困难，也不会因为这些困难产生出为难的情绪。在和异性交往的时候，总是小心翼翼地看待问题，从不跨过自己的道德底线，与那些触犯他们道德底线的人抗争。这样的人有很好的人缘，他们的朋友都愿意帮助他们，并且容易与人相处。他们有着非常强的理解能力，他们的想象力非常丰富，甚至有些想法十分荒诞可笑。他们有些时候表现得非常自负，不能接受别人善意的告诫，尤其是人多的时候更是这样，这是他们的虚荣心在作祟。他们认为在人多的时候才能体现出自身的价值。于是他们很容易成为人们热议的焦点，这也是这样的人最希望看到的。

③选择一些传统手工艺制品作为礼物的人。

FBI认为这样的人期望在生活中得到更多的认可与支持，也希望人们能认清他们在社会生活中扮演的角色。他们具有很强的抗击打能力，即使在摔倒的时候也会马上爬起来，然后挺胸抬头继续上路。他们开始的时候会表现出所有的才能，在成长的过程中会带有顺从的本性，他们的一举一动都不会偏离人们的视野。如果是下属的话，这些下属对领导的话会牢记耳边，他们认为领导说的话永远是正确的。但随着这些下属的不断成长，他们有了新的认识社会的经验，于是不再盲目听从领导的话语，而是有选择性地去听取领导的意见和建议。后天不断的成长使自己具备了判断事情的能力，所以这些下属能很快成长起来。

这类人总是能默默忍受着在追求过程中带来的孤独与寂寞，他们具有牺牲精神，给人的印象一直是高贵而且安详的。他们不注重自己的外表，通过内心来衡量美。他们在开始做一件事情的时候总会先仔细研究，把可能要出现的问题都想清楚后才开始动手。而他们对当今的时尚不感兴趣，更喜欢自己动手制作一些东西，他们倡导纯手工制作，因为这是他们的兴趣所在。他们认为只有纯手工制作才能体现出该产品的价值，在给别人带来惊喜的同时，也显示出自己送礼的品位。

第四章

FBI的犯罪心理学：
把握对方的心理缺陷

　　犯罪心理学是一门很深的课程，FBI认为，犯罪心理学不仅要求人们具备较强的分析问题、判断问题的能力，还必须要掌握一定的心理学常识，并能够在不同时间、不同地点，结合不同犯罪分子的心理变化情况，对其进行准确的心理判断，从而找出隐藏在他们内心深处的故事。但是对犯罪心理学的研究与分析要从实际案例出发，并不断地学习与积累，只有这样才能充分挖掘出犯罪分子的犯罪心理。FBI不断对犯罪分子的心理进行分析与研究，逐渐摸索出一套运用犯罪心理学方面的知识来分析案件的方法，这些方法包括：犯罪分子犯罪动机、犯罪分子犯罪目的、如何从根源上预防犯罪的发生、犯罪分子典型的犯罪特性以及犯罪分子不同的性格特征所表现出的不同犯罪经过等等。

分析罪犯的作案动机和
犯罪目的才是制胜之道

FBI认为，犯罪问题已经成为每个国家都面临的一种社会问题，要想稳定社会秩序就必须对犯罪活动给予足够的重视，并结合本国的社会发展的实际情况对犯罪分子的作案动机和目的进行认真分析，这才是解决犯罪问题最根本的方法。

FBI认为，犯罪心理学就是从犯罪者出发，对他们的作案动机和作案目的进行全面分析，并找到事情背后隐藏的真相。犯罪分子进行犯罪的过程中，犯罪心理支配着他们的犯罪行为，并控制着犯罪活动的发生。犯罪者的心理要素主要有犯罪者的内心情感、对社会的认知能力、个人的人格特性、个人价值观与人生观等等。从理论上来讲，犯罪者和普通人的心理没什么差别，普通人表现出来的特性犯罪者也可以表现出来。但是在具体的心理内容上，犯罪者却和普通人表现得不一样。

犯罪者在犯罪过程中，受到犯罪心理的影响与支配，对社会中的人或事实施犯罪行为。犯罪者犯罪的这个过程通常是隐蔽的，普通人根本不容易事先发现他们的犯罪动机，这也是犯罪分子能够有效进行犯罪的原因。但是FBI经过训练，能够事先洞察出犯罪者犯罪前的动机和目的，从而降低了犯罪的发生概率。

1998年的一天，美国纽约地铁站像往常一样人流熙攘，人们在等待地铁的到来，每个人都朝着地铁站台张望。而一位中年男子却表现出与其他人不同的表情，不像其他人那样表现出等待上班时的焦急心情，而是不停地环顾四周，好像在找什么东西。地铁站表面没有布置警力巡逻，实际上有很多FBI便衣在这里进行监控，他们的目的就是严防恐怖分子对地铁站进行袭击。这个人的行为引起了FBI的怀疑，FBI对其进行了跟踪与监视。此时一列地铁从远处开了过来，只看见这个嫌疑人飞快地跑到了站台的前面，从上衣口袋中掏出一包黑色的固态炸药。正当他企图用遥控的方式引爆炸药的时候，被身后的FBI按在了地上。FBI就是通过这样的方式有效地破获了一起惊险的地铁爆炸案，使犯罪分子没有得逞。据FBI分析，这个犯罪分子携带的固态炸弹的TNT含量相当于800公斤炸药的威力，如果炸药引爆成功的话，后果将不堪设想。后来经过FBI对这名犯罪分子的审问得知，这名犯罪分子的作案动机就是要炸毁地铁，而他的背后黑手也与一个恐怖主义组织有关。

FBI认为，犯罪者犯罪心理和动机的成因是多种多样的，犯罪者的心理变化情况也是不容易被人们捉摸出来的，所以对犯罪者心理的研究要因人而异，要结合不同时间不同环境作出正确的判断。FBI通过研究表明，那些和社会不良人士接触过的人犯罪概率比那些从来没有接触过的人要高三倍，但是这并不能简单地判断与不良人士接触过的人就一定是犯罪分子，因为犯罪心理与犯罪行为虽然存在一定的关联，但是也会因人而异，切不可把问题绝对化，要从客观实际出发，这样才能为预防和监测犯罪行为提供有利的依据。

一些心理专家对犯罪心理的研究也一直没有停止过。但是在研究过程中遇到了很多意想不到的事情，对此他们在某些时候也会表现得束手无策，但是他们并没有放弃对犯罪心理学的研究。他们首要的任务就是把如何判断出犯罪者的犯罪动机和犯罪目的作为研究对象。犯罪心理是犯罪者犯罪过程中表现出来的外在形式，犯罪者犯罪过程中会表现出非常复杂的心理变化，鉴于这种情况，FBI会认真细致地观察犯罪者犯罪动机并及时捕捉到犯罪分子的心理活动情况，使犯罪分子犯罪的概率大大降低。FBI讲述了发生在美国的一个案例，从这个案例中人们可以很清楚地找到犯罪者犯罪的动机。

马克里克是美国一家保险公司的部门经理，他善于交际，经常会参加一些应酬，因此深受老总的赏识和器重。虽然工作中很得意，但是生活中他还是遇到了很大的烦恼。马克里克的妻子在一场车祸中被撞成重伤，需要支付一笔高昂的手术费用，而马克里克正为钱的事情发愁。

马克里克在一次聚会中，经过别人介绍认识了一位据称是汽车界富豪的人。有一天，这个汽车界的富豪邀请他到一家星级饭店吃饭，他应邀而去。汽车界的富豪来到马克里克的身边，拍着他的肩膀说："我有一事相求，不知兄弟肯不肯帮这个忙？"

"你尽管说，只要我能做得到。"马克里克拍着胸脯说。

"我在美国西部地区设立了一个汽车销售中心，可是资金出现了问题。"汽车界的富豪接着说，"如果你能够给我提供银行贷款的话，那么，这个汽车销售中心就会获得高额利润。"

"你是想通过我的手帮你贷款？"马克里克的心理非常清楚，如果帮了他，就等于在公司领导不批准的情况下，擅自放贷，一旦被发现，后果非常严重。

"如果你能够帮我这个忙，我是绝对不会亏待你的。你可以拿到公司的股份。"汽车界的富豪伸出了三根手指头，轻声说道，"事成以后，你拥有汽车销售中心三成的股份，你看如何？"

　　马克里克此时犹豫不决，毕竟这是关系他前途和命运的大事，马克里克深思着，因为他知道事情一旦被发现的严重性。

　　"你放心不会出现问题的。"汽车界的富豪说，"这件事情我不会随便说出去，一定替你保密。"

　　见马克里克还在犹豫，汽车界的富豪便递给他一张银行卡。此时马克里克心动了，为了支付妻子的手术费用，他还是拿起这张银行卡走了。

　　几天过后，马克里克接受了警察的调查，他非常害怕，并清楚地知道警察为什么找他。后来有人告诉他，此前汽车界的富豪其实是总行派下来监督工作的领导，他化成汽车界富商的身份，在无人知道的情况下与马克里克结识，并声称自己需要一定的资金，需要马克里克帮助解决，如果当初马克里克没有受到利益的驱使而犯下如此严重的错误，他的名声也不会受到影响。但是马克里克最终还是犯下了错误，没有保持一颗警惕的心，对工作也没有负责任的态度。其实马克里克非常热爱这份工作，他也一直告诫自己在利益面前不要犯错误，但是马克里克并没有牢记工作使命，抛弃了之前的承诺，没有经受住诱惑，最终走向了犯罪。

　　FBI通过这个案例告诉人们，其实犯罪分子在犯罪的过程中总是存在一定的犯罪动机和犯罪目的，虽然每个案件的结果不一样，但是犯罪分子内心的动机却只有一个，那就是为了实现自己的目的而不惜冒险。在这个案例中，犯罪分子马克里克的作案动机就是需要一笔支付妻子手术费用的金钱，而他的收入不能满足这个愿望，这也是他的犯罪目的。为了给妻子做手术，于是他不惜铤而走险，最终走向了犯罪。由此可以看出，犯罪分子犯罪时所表现出来的犯罪动机和犯罪目的最终都是难逃FBI那双法眼的。

2
犯罪主体的心理过程
是导致犯罪的主要动机

FBI认为，当一个人在接触事物的时候会用眼睛去分辨物体的颜色与形状，用舌头去品尝它的味道，用鼻子去闻它散发出来的气味，用手去触摸它的大小等，而这些都是凭借感觉进行的。感觉是人们认识世界所必须的，是从外界获取信息的第一步。虽然心理过程的变化表现在里面，但是它却是人们生存所必须的，是任何事物不能替代的。很多心理学家都做过这样一个实验：把一个人放到一间空旷的黑屋子中，没有任何人和他沟通，也不让他接触到任何事物，只是让他单独坐在黑屋子中。不到半个小时，参加测试的人按响了门铃，心理学家知道这个人已经承受不了继续待在黑屋中。由此可以看出，一个正常人是不能摆脱感觉的，没有感觉，人不会进行正常的活动，而心理的其他机能也将会受到破坏。

感觉是需要外界刺激的，而心理过程的变化也会随着外界环境的变化而变化。一般来说，FBI在对犯罪分子进行调查的过程中，总是会分析出外界环境的变化情况。他们认为，外界环境的变化是导致犯罪主体心理变化的根本原因，可以找到犯罪主体犯罪的动机和目的。在观察中FBI发现，犯罪分子在受到外界刺激时会产生两种不同的感觉——外部感觉和内部感觉。简单来说，外部感觉就是犯罪主体在社会中凭借自己的眼睛、嘴巴、耳朵等身体外部器官直接感受到的一些信息，例如当他们在公共场合看到很多人的时候会有一种压抑感；当他们闻到烧焦物品的气味的时候会捂上鼻子。而内部感觉指的是，当他们被一个人的话语激怒的时候，内心会产生愤怒，随即心跳开始加快，甚至出现头昏的状况。

一位联邦警察讲述了这样一个案例：

美国加州的一个大型购物广场发生了一起凶杀案。据FBI调查，犯罪嫌疑人是一名有着高学历和高收入的政府议员。他的家人听说到他用枪把一个人击倒在地的时候，都感到不可思议。在家人眼中，这名犯罪嫌疑人是个性格内向、不愿招惹是非的人，与人交往时脾气也很好。FBI调查得知，这名犯罪嫌疑人到购物广场购物的时候，在服装区遇到了大学时期的情敌，他下意识地想躲开情敌，可是却被情敌堵住，此时他不想和情敌说些什么，可是这个情敌却非常不友好地把大学时期的事情都说了出来。这个犯罪嫌疑人没有说一句话，想尽快离开，但是情敌却紧随这名犯罪嫌疑人，边追边破口大骂。这名犯罪嫌疑人无法忍受下去，和情敌厮打了起来，无奈之下，他抓起一把水果刀向情敌的腹部刺去，这个情敌因失血过多抢救无效死亡。FBI对这名犯罪嫌疑人进行讯问的时候，他这样答道："本来我不想杀了他，可是他对我表现出极大的不尊重，当他用言语侮辱我的时候，我内心非常愤怒，心跳也在加快，但还是克制了自己，本想离他远远的，可他像个不死的幽灵一样紧跟着我不放，并再次说出侮辱我的话语，此时我内心的怒火一下子被点燃起来，情绪也显得比较激动，想把压抑许久的怒火释放出来，于是便和他厮打起来，在厮打的过程中，他已经使我丧失了最起码的人格尊严，于是我用刀子向他捅去。"

"你知不知道事情的后果？"FBI问道。

"受到他言语上的刺激以后，我最终无法忍受他对我的侮辱，所以进行了反击。"

FBI认为，当一个人受到外界带来的刺激时，其心理情况也会随之改变。就如同本案中性格内向、不好招惹是非的议员在受到情敌话语的刺激以后，其心理也发生了变化，从和平转变成愤怒。这个复杂的心理变化也决定了犯罪嫌疑人最终会走向犯罪。

在很多时候，可以很清楚地从一个人的情绪变化情况洞察出他内心世界的变化。FBI从犯罪心理学的角度出发认为，人的情绪变化多种多样，它是人们对客观事物的感知，也是人们的主观心理活动。可以这么说，情绪的变化是伴随着犯罪分子心理变化发生发展的。人们有过这样的经验，当回忆美好童年的时候，会出现情绪缓和的情况。但是在不同环境下，并不是所有的客观事物都能让人们有这种反应，情绪的变化是一种主观意识上的体验活动，只有那些能够勾起人们回忆、给人们带来美好印象的事物才能触动人们的心理。

根据多年来对犯罪心理学的研究，FBI认为，每个人的情绪变化都不同。可以把犯罪主体的情绪分为高兴与不高兴两种。当犯罪主体面对自己不喜欢的事物的时候，对其犯罪的概率就比较高，反之亦然。在众多起盗窃案件中，FBI对犯罪分子进行了不同的讯问，但是犯罪分子的回答却一致地相似。以下是FBI与这些人进行的对话：

"你为什么偷车？"

"我失业了，需要用偷车的钱来维持生活。"罪犯甲说。

"我偷车的理由很简单，就是仇视那些富豪。"罪犯乙说。

"我的公司已经到了濒临破产的地步，为了还债，我不得不这样做。"罪犯丙说。

FBI从这些人的话语中得知了他们的共同特性——不高兴。导致他们走向犯罪的最终根源就是他们的不高兴，这是他们犯罪的动机。在这些人的主观意识中，虽然他们会考虑到犯罪带来的后果，但是现实生存的压力使他们的情绪出现波动，心理也发生了复杂的变化，他们没有余地去考虑更多，因而导致他们走向了犯罪。

FBI认为，人们心理过程的变化是具有传染性的，这种心理变化会影响到其他人的行为举止和内心的变化。例如，人们在兴奋的时候，好像周围一切事物都是美好的，对未来也充满了信心，可人们在失落的时候，呈现在眼前的都是灰暗的色彩，仿佛被这个世界抛弃了一样。这种心理的变化随着个人心理素质和客观环境的变化而发生变化，有的人可能一会工夫就把这种情绪抛到脑后，有的人可能会持续较长的时间。不可避免的是，当人们心理上蒙上一层灰暗的色彩时，会直接影响到其他人的心理。简单来说当别人看到你悲观失落的时候，也不免会受到你的影响而出现悲观失落的心理。

FBI结合多年的经验，总结出了犯罪主体在犯罪过程中表现出来的心理变化，通过这些心理变化可以洞察出他们的犯罪动机。

（1）突然爆发的情绪波动

FBI把这种心理变化称为"激情"。这样的人缺乏安全感。所以他们在进行社会交往的时候，首先考虑的是如何确保自己的安全，希望找自己信得过、能和他们一起承担风险的人。他们不喜欢找比较神秘、太有故事的人，因为这两种类型的人让他们有不确定的危机感。这样的人一般喜欢诚实、单纯、直率、简单、让他们精神上能感到快乐、安心的人。他们神经很脆弱、缺乏安全感，别人稍有一点风吹草动他们就会紧张兮兮。他们对周边的事物或者人容易产生距离感，不能很快接受新事物，再加上他们遵守固定的规律，创新能力也就相对较差。

当这些人受到外界刺激后，心理会发生快速的变化，但这种变化是快速且短暂的，会表现出忽然仰头大笑、悲观失落、暴躁易怒等行为。FBI认为，激情的产生和发生过程是具有爆发性的，这种情绪变化一般不会持续太久，而这种心理的急速变化也是由于犯罪主体受到了外界环境或事物的刺激。从众多破获的案件中可以很明显地发现，激情在多数情况下只能带来消极的影响，它可以使犯罪主体在激情来临的时候丧失理智，分析事物的能力下降，甚至会不计后果做出一些犯罪行为。对此，FBI通过犯罪主体表现出来的激情变化，可以很容易地洞察出犯罪主体的犯罪动机。例如，犯罪主体以普通取款人的身份进入银行办理业务的时候，突然对银行柜员做出一副穷凶极恶的表情，这个时候就可以判断出犯罪主体想要抢劫银行。

(2)在遭遇突发事件的时候精神处于高度紧张的状态

FBI把这种心理变化称为"应激"。FBI对应激是这样解释的：事件的发展情况出乎犯罪主体的意料，使犯罪主体出现了高度紧张的情绪。应激是人们面临突发事件时所表现出来的最直接的心理变化，每个人所表现出来的行为方式也有差别。FBI就要求训练成员在遇到突发事件时表现得镇定自若、能够做到急中生智。FBI曾经破获了一起劫持政府议员的案件。美国亚利桑那州政府的门前，一名犯罪分子把刀架在州议员的脖子上，还扬言要政府为他准备一辆车逃跑。FBI口头上答应了犯罪分子的要求，却在故意拖延时间，以便救援人员有充分的时间实施救援。在政府大楼的另外一角，训练有素的FBI已经悄悄地进入到离犯罪分子不到10米远的角落里。这名犯罪分子此时表现出非常不耐烦的情绪，扬言要杀掉这名政府议员。还没等他说完话，

FBI迅速跳到了他的面前，大喊："住手！"这名犯罪分子没有想到FBI会如此神速，内心不由得高度紧张起来，还没等他回过神儿来，FBI一脚便把他踢倒在地，这名犯罪分子劫杀政府议员的行为没有得逞。FBI后来回忆说："当时这名犯罪分子被这突如其来的一幕惊呆了，他的精神高度紧张，手脚也开始哆嗦起来，我们利用这个机会成功制伏了他。"

FBI通过对犯罪主体心理过程的变化情况，分析出他们的作案动机，并及时对犯罪主体实施打击，从而有效地阻止了犯罪。由此可见，FBI通过研究犯罪心理过程的变化已经揣摩出一套值得人们借鉴的理论，这些理论可以为研究犯罪心理学提供参考。

犯罪主体对物欲表现 出强烈的犯罪心理

FBI从对犯罪心理学多年的研究中得到这样的结论：犯罪主体在犯罪的过程中会表现出不同的犯罪心理。这些心理非常复杂，因为犯罪主体因社会环境的变化而不断发生着变化，尤其是国际安全形势日趋严峻的时候。FBI也从不同角度出发，深入研究了犯罪主体犯罪过程中的心理变化情况。在研究中，他们结合犯罪主体的年龄、身高、性别等一些外在因素来识别犯罪主体的犯罪心理，从而有效地对这些犯罪主体的心理进行研究与分析。

长时间的研究与摸索使FBI总结出一些犯罪主体的犯罪心理，这些类型的犯罪心理是犯罪主体实施犯罪过程中比较有代表性的，人们可以通过这些犯罪心理直观地看到犯罪主体的犯罪动机与犯罪方式。

其中一种就是由追求物质和权力引发的犯罪心理。FBI把这种犯罪心理称为"物欲型犯罪心理"。简单来说，这种犯罪心理就是犯罪主体为了满足日益膨胀的物质欲望和权力欲望而实施的一种犯罪。研究表明，物欲型犯罪心理的发案率非常高，世界上每个国家都把它列为重点研究对象，这也是令许多国家都感到非常棘手的问题。FBI认为，这种犯罪心理确实是令每个国家都很头疼的事情，它不仅会对一个国家的经济发展带来负面影响，还会破坏民众正常的生产生活。最重要的是，如果不能有效控制这种犯罪活动，就会在社会上引起不小的恐慌，直接导致国民在社会生活中失去安全感，从长远来看，不利于国家的长治久安与持续发展。

人们对物质和权力的追求没有止境，对它们的追求也是人类文明发展的必然。虽然国际形势存在一定的严峻性，但是大多数人还是凭借自己的努力，通过合法的途径获取到属于自己的对物质与权力的需求。但总有一些心存侥幸、不愿努力的犯罪主体，为了尽快实现自己的目的，在物欲面前没有把持住自己，完全迷失了方向，最终走向了犯罪。从FBI对犯罪心理学的深入研究中得到这样一个规律：那些经济发达国家发生物欲型犯罪的概率要远远比那些欠发达国家的概率高，而在那些贫富差距悬殊的地区发生物欲型犯罪的概率也比较大。

美国一直被人们认为是一个犯罪高发的国家，其原因是贫富差距过于悬殊。美国密西西比州一个富人居住区接连发生了很多起绑架儿童的案件。FBI接到报案后，立即对该地区展开了调查，在调查中FBI发现，这个地区十分之一的人口是富人，这些富人在当地开设了很多公司和厂房，而且他们大多是迁入到这里的日本移民。可在这里生活了大半辈子的本地居民却要靠政府救济来养活自己。不光如此，这些富人还不断征收这里的土地，使本来就贫困的本地居民更加陷入到贫困中。贫富差异让这些本地居民心理产生了极大的愤怒，他们多次要求富人不再继续征收他们的土地，可这些富人为了自己的利益并没有停止征收土地的步伐。本地居民为了生存下去，绑架了这些富人的孩子和家人，想通过这样的方式来获取一定的赎金来维持生活。FBI意识到，如果不能改变该地区的贫富差距，这个地区还会出现绑架事件。因此，FBI通过州政府的力量，为该地区的居民腾出了一些土地，鼓励他们开发农庄，通过这样的方式，这些原本贫困的本地居民的收入有了大幅度提高，从此再也没有发生过绑架事件。

从FBI的分析中可以看出，物欲型的犯罪心理会随着社会环境和经济发展等多方面因素的变化而变化。当犯罪主体缺少必要的生存条件时，就会实行物欲型犯罪活动，在犯罪过程中他们都对现实分配制度不满，通常都是以疯狂掠夺的方式将别人的财产占为己有。犯罪主体想要尽快达到自己的目标，但是当梦想与现实存在一定差距的时候，物欲刺激了他们的内心，使他们铤而走险，走向犯罪。FBI认为，任何犯罪主体犯罪心理的形成都是内部因素与外部因素共同作用的结果，两者相互作用影响着犯罪主体的心理变化，而物欲型的犯罪就是犯罪主体对金钱和权力的需求超出他们自身的能力后进行的一种犯罪活动。

FBI对物欲型犯罪进行了深度解析，当犯罪主体受到外界因素的刺激后，便很容易产生这样的犯罪心理。社会经济发展了，但是一些人的实际收入并没有得到提高，生活水平反而降低了，加之国际安全形势的日趋严峻，人们的价值取向和观念也发生一些改变。此时就会出现一些价值观、人生观极度扭曲的犯罪主体。这些犯罪主体为了眼前利益，不顾家人的劝阻和集体的利益，在物质和权力面前迷失了自己，总是抱有"能捞一把是一把"的心理，于是为了尽快达成自己的目的，为了贪图享乐，他们不择手段，开始走向犯罪。

FBI认为，一个国家的社会风气也是诱发犯罪主体犯罪的因素之一。一个国家的发展经历着各种各样的变化，人们的陈旧思想被打破，而新体制新观念还没有完全形成规模，这样就会使那些犯罪主体出现精神上的空虚，而在这个时候，就会出现一些不良的风气。特别是那些在物质面前失去自我的犯罪主体更容易受到不利因素的影响，当这些犯罪主体看到有人铺张浪费、大讲排场的时候，这就给他们传递了一个不良的信号，为犯罪埋下了种子。当这些犯罪主体看到一些人贪污受贿的时候，他们的心理发生了很大的变化，在物质和权力的刺激下，他们也把犯罪看成是"常态化"和"合理化"的事情，这样他们就有恃无恐地走向了犯罪。社会财富分配的不平衡与不合理，更会激化犯罪主体进行犯罪活动。不同地区的人们实行不同的发展策略，出现了社会发展中极不平衡的贫富差距现象。有些地区出现了同工不同酬、对劳动力歧视等问题，这也造成了犯罪主体心理失衡，直接表现出不高兴的态度，有些人甚至牢骚满腹并对社会充满怨恨，一旦受到外界物质和权力的诱惑后便铤而走险，用不正当的手段得到希望已久的物质和权力。

FBI发现，犯罪主体犯罪心理的变化是一个畸形发展的过程。一般来说，人们对物质和权力的需求有内部和外部两方面需求，当两者发生了严重冲突的时候，犯罪心理就会发生变化。当内部需求，如精神上的需求减少的时候，如果外部需求也随着减少，那么这个时候犯罪主体的内心就会发生变化，这也是诱发犯罪主体犯罪的主要原因。人们一直在追求着财富，但如果犯罪主体的经济条件与自身的需求出现巨大落差的时候，也容易产生犯罪心理。在社会条件的范围内，每个人的经济水平会出现各种差异，而产生差异的原因可能是由于个人辛勤劳动的程度不同，而对于犯罪主体而言，他们自身的经济水平非常糟糕，但是对物质的需求又表现得非常强烈，他们不肯花费力气去努力拼搏，当经济条件与自身欲望产生矛盾时，他们就会用犯罪的手段去获取物质与权力，给社会和国民带来危害。

犯罪主体在犯罪过程中都具有强烈的反社会倾向，他们表现出对金钱、地位和权力的过度需求。在他们看来，物质和权力代表了一切，缺少了物质和权力会令他们备感不安，一旦他们的物欲需求超出自身所能承受的范围，他们的内心世界就会发生严重的碰撞，一方面自身的实际情况已经远远不能满足日益膨胀的物欲需求，另一方面是如何实现自己对物欲的追求。为了达到自己对物质和权力的追求，他们会做出有悖于社会法律和道德观的犯罪行为，而这些犯罪行为都是在内心对物质和权力强烈的追求下产生的。有人会问："难道这些犯罪主体在犯罪过程中内心是坦荡的吗？"FBI这样解释道："这些犯罪主体有了犯罪心理以后，在犯罪之前也会表现出惶恐不安的情绪，他们也知道如果犯罪，会对社会和民众带来一定的负面影响，但是当他们对物质和权力的需求膨胀到一定程度的时候，他们会完全失去了判断问题的理智，深深陷入到对物质和权力过度追求的泥潭中去，在他们看来，自身对物质和权力的获取能力很有限，如果不通过犯罪的方式去实现这些的话，一辈子也没有出头翻身的机会，于是这些犯罪主体决定开始犯罪活动。"

由此可以很清楚地看到，犯罪主体在犯罪时并不是无缘无故的，其犯罪的背后一定蕴藏着一定的规律和原因，而这些原因是多方面的，有的来自于社会的外部环境的刺激，有的来自于自身对欲望的追求。FBI认为，无论犯罪主体的犯罪心理发生怎样的变化，他们的犯罪动机都非常明显，就是要改变现实与梦想之间的差距，而要实现这个梦想他们选择了犯罪的方式，可以说这些犯罪主体对物欲的过度追求表现出了很强的犯罪动机。

学会分析研究犯罪
主体的情绪变化

FBI认为，犯罪主体在犯罪的时候总会有情绪变化的过程。犯罪主体的情绪变化也影响着犯罪主体的犯罪行为。美国的一家心理研究机构研究发现，那些情绪波动小的犯罪主体犯罪的概率要比那些情绪波动大的犯罪主体小得多。因为犯罪主体的情绪变化也是随着周围人和环境的变化而发生转变的。

在社会中，难免会碰到一些"冤家"。但是社会又不能完全像战场一样，每个人都得有团队意识，才能够成就事业。所以在社会上，作为一个个体，当你在工作上非常需要某个人帮助的时候，而这个人又跟你在某些方面有过矛盾，你会如何呢？逃避和放弃，是最笨的方法，那样做只会显示你的懦弱和无能。要化敌为友的确不容易，但不是不可能。

FBI认为，最有用的办法就是先把握你的"冤家"的心理，分析造成这种局面的根本原因，然后才能对症下药，有针对性地接触"冤家"的武装，达到心理沟通和认可的目的，真正做到化敌为友。当别人抓住你的错误大加指责时，你在恼怒之前，不妨先平和心态，试着认为这是对你的关心。从这个角度去理解和解决问题，要比无休止地争论强得多。如果你能挖掘出对方带刺的话语里隐藏的积极因素，那么就会大大消除敌对场面出现的可能性，从而减弱回击的想法。接着，你要有直面问题的心态，努力找出合理的办法解决它。可以先分析原因，自己先想想，是不是做了哪些事、说过哪些话让对方看不顺眼。如果不明就里地去找对方兴师问罪，只会引起对方的反感，让对方看不顺眼，激化矛盾。所以遇到问题产生冲突要首先调整心态。

如果已经发生上面的情况，抱着解决问题的心态向对方问清原因。你可以问他，"我不知道发生了什么事，是否可以告诉我原因。"如果对方什么话也不愿意说，那说明对方对你的敌意较深，那你干脆直截了当地说："从你对我的态度来看，我知道你对我似乎有些不满，我认为我们有必要把话说清楚。"实在不行，可以向对方发出委婉的警告。如果对方不肯承认曾经跟别人说过不利于你的话，你也不必戳破他，因为对方已经从心理上感到了言语和态度的不当之处，这时你只要跟他说："我想可能是我误会了。不过，如果以后你有任何问题，希望能直接告诉我。"你的目的只是让对方知道：你绝对不会坐视不管。这时你的心理优势已经确立，你就可以向对方发出化解矛盾的信号。因为，当对方成为你的"冤家"后，他会产生躲避心理，会尽量避免与你在同一个场合碰面，但你是否在心里更加关注对方呢？因为想要知道他的行踪以便避开，想要知道他有没有在背后说你是非。所以，如果你想化解仇怨，不妨先发出信号，找寻和对方碰面的机会，温和地注视对方，看看对方的反应，是尴尬？腼腆？躲避？对视？还是怒目而视？只要不是最后一条，那就有戏。只要确定有戏，那就可以运用自己的方法主动出击，巧妙地化解矛盾。

如果你觉得这样直接向对方示好从心理上还难以接受的话，那你可以借助"第三者"。也许你突然向对方示好，会让对方怀疑你的居心。不妨借和其他同事聊天的机会说他几句好话，或向知道你俩关系的人倾吐后悔之意，相信这些好话总能传到对方耳朵里。只要对方接收到你的信息，他肯定会产生相应的心理反应。正所谓"人同此心，心同此理"。你有"再见还是朋友"的心理愿望，对方也肯定有，毕竟爱一个人比恨一个人容易，被人爱也总比被人恨要好。所以你所做的一切，对方看在眼里，说不定也甜在心里呢！如果是这样，你的"化敌"计划就大获成功了！事实上，很多时候你和别人的关系搞僵，并不是涉及到什么原则性的问题，而更多的则是由于平常的点滴小事。所以，FBI认为，要认真分析出犯罪主体在犯罪前的情绪状态，尽量做到不去触犯他们的底线，并通过有效沟通的方式来消解犯罪主体想要犯罪的心理。

FBI认为，除了对犯罪分子给予必要的沟通外，还要给予他们足够的重视与赞美。其实，懂得赏识他人，是做人的一种美德。无论对方是你的上级抑或是下级，甚至是你的对手或冤家。在社会交往中，人们彼此间难免存在利益的冲突和思想的分歧，但人与人之间更应该具有一致的目标、相通的感情，相互的支撑、相互的理解。在一个人的周围，无论是同事、下级，还是朋友，都有可以欣赏的亮点，有可以学习的地方。一个人懂得用心去欣赏别人，在把慰藉和力量给他人的同时，也把激励和鞭策给了自己。因为在欣赏他人的过程中，自己往往也能以人为镜，看出不足，找出差距，从而不断提高能力和修养水平。一位希腊著名哲学家曾经说过："欣赏者心中有朝霞、露珠和常年盛开的花朵。"胸怀宽广、虚怀若谷的人，才能懂得欣赏他人，同时也会得到别人的欣赏。

懂得用心欣赏他人，有利于形成融洽和谐的人际关系。一个人希望得到他人欣赏，并不等于图虚荣、好面子；一个人懂得用心欣赏他人，也不是不顾事实、只唱赞歌。真正的欣赏源于内心的真诚和善意的流露，是理解和尊重的体现。这样的欣赏，给人以温暖和关怀，有利于激励人们施展才华、发挥才智，有利于增进人与人之间的信任。一个人如果在心里把别人视为冤家，看他人一无是处，往往会引起摩擦和冲突；而一个人如果从心里把别人当成无所不能的人，那就往往造成盲目顺从，丧失判断力，影响自己的判断，最终也将难有大作为。只有学会用心欣赏他人，以诚待人，学人之长，才能建立融洽和谐的人际关系，从而能够集中精力干事业。别人之所以取得了事业的成功，是因为人家确实有过人之处，有很强的能力，这种能力在平常的工作中会得到充分展现，但如果再加上来自下属的真心赞赏，那么他们在得到心理满足的同时，更会从内心感谢他人的赞赏。这就像当人做了很让自己满意的事情，总希望能够得到别人的赞赏一样，其实，他期望得到的是别人对自己能力的认可，一种真正发自内心的心理共鸣，这甚至比事情成功本身更让人有成就感。

　　虽然赞赏别人是好事，但也要有所注意，不能随意赞赏，不能存有拍马屁、阿谀奉承的心理。什么是真心的赞赏，什么是夸张的逢迎，别人心里一清二楚。尽管好听的话谁都爱听，但听得多了总会厌烦。如果，你并非出自真心的夸赞只会让人怀疑自己的能力，最后只能适得其反，虚伪只会让人反感，让人觉得态度不真诚。而真心的赞赏，被人真心的赞美，就像一缕春风吹过心田，总会让人有心旷神怡的感觉。自古以来，逢迎拍马的人都没有好结果。要想在社会交往中与别人建立好关系，首先就要明确自我的主观意识，尽快地养成随时都能赞美别人的习惯。就像现代心理学家指出的那样，恭维和赞美至多只会使接受者产生矛盾的心理。世界是丰富多彩的，欣赏良辰美景能愉悦人们的心灵，欣赏精品佳作能提高人生的境界。其实，人与人之间更需要真心欣赏，欣赏会给人们带来无穷的力量。得到他人的欣赏，就是得到他人的鼓励，内心自然就感到幸福和快慰。"爱人者人必爱之"，懂得欣赏他人，拥有一颗真诚欣赏他人的心，自己也必然收获友谊和快乐。

FBI认为，要认真分析出犯罪主体在犯罪前的情绪状态，尽量做到不去触犯他们的底线，并通过有效沟通的方式来消解犯罪主体想要犯罪的心理。除了对犯罪分子进行必要的沟通外，还要给予他们足够的重视与赞美。其实，懂得赏识他人，是做人的一种美德。无论对方是你的上级、下级，还是你的对手、冤家，要学会欣赏他。

FBI认为，犯罪主体在犯罪的时候，总是会受到外界环境的影响，而人们对他们的态度也是导致其犯罪的因素之一。犯罪分子对能和他们心平气和地沟通并充分尊重他们的人和对那些对他们冷眼相看的人所采取的态度是不一样的。FBI告诉人们，应该仔细观察犯罪主体的情绪变化，因为他们的情绪变化非常不稳定，也很容易因受到外界的刺激而发生改变，并进行犯罪活动。犯罪主体的情绪也和普通人一样，但是当他们受到外界的刺激后，会表现出自制能力差、感情冲动等状态，一旦有人触碰到他们的敏感神经，他们的情绪就立刻被激发出来，从而对这个人进行犯罪活动。

通过长时间的研究，FBI认为，犯罪主体的自尊心和成就感非常强，在他们的思想意识里，别人应当按照他们的意愿去做事，一旦别人做出了妨碍他们行动的事情，或者没有按照他们的意思去执行，犯罪主体就会出现不满、甚至是怨恨的情绪。这样的人无论是性格还是情绪，都是呈畸形发展的态势，因此，仔细观察他们情绪的变化，不去触碰他们的激动情绪，在他们情绪不稳定或者暴躁的时候，尽量不与他们发生矛盾，这才是明智之举，也可以有效减少犯罪活动发生的概率。

经历的不同形成了
不同的犯罪心理

　　FBI认为，人们的经历存在一定的差异，有的人经历的事情多一些，有的人经历的事情少一些，而犯罪分子也不例外，他们的心理特征也是随着自身经历的多少而发生变化的。认识到这些犯罪分子的差异以后，可以帮助人们从不同的方向了解犯罪分子的犯罪心理，对于有效惩治犯罪分子有着十分积极的意义。

　　FBI通过研究发现，犯罪分子由于经历的不同而表现出以下的一些方式：

（1）第一次犯罪

　　FBI把这种犯罪方式又称为初次犯罪。犯罪分子初次犯罪并受到法律追究，或者虽然犯罪分子具有违法行为，但是并没有受到法律的制裁，都可以看成是初次犯罪。FBI认为，犯罪分子在初次犯罪的时候，自身心理会发生一些剧烈的变化，他们不停地思考犯罪的后果。他们大多心理畸形，当他们出现经济困难或者情感方面的困惑的时候，会对社会和人们产生强烈的抵触心理，并伺机报复。在他们看来，很难用合理合法的手段去解决一些问题，这个时候他们在利益的驱使下内心就会产生出强烈的犯罪心理，从而犯罪。其实他们在犯罪前，也深知这样会触犯法律并受到严惩，他们担心被发现，此时他们的内心是犹豫不定的。

很多时候，当犯罪分子第一次犯罪的时候可能不是出于自己的主观意识，所以不能就此对犯罪分子的犯罪心理进行定性。犯罪分子在犯罪的过程中由于良心发现或者其他一些因素，终止犯罪活动的可能还是存在的。FBI认为，针对这样的犯罪分子要从多个角度出发，对他们进行教育，从根本上遏制住犯罪分子的犯罪心理。

FBI发现，犯罪分子在初次犯罪的时候，对事物的认知能力是有限的。由于缺少对事情全面的分析与考虑，并没有考虑到事情背后所牵涉的其他问题，这就导致了他们不能从实际出发，对犯罪的后果没有深刻的认识，致使他们进行了犯罪活动。这样的人还认为，犯罪活动一定能够成功，不会失败。因为他们的人生观与价值观出现了问题，所以他们的犯罪活动在所难免。初次犯罪的时候还与犯罪者自身的情绪有很大的关系。一般情况下，犯罪分子犯罪的时候意志力和控制力是最差的。当他们想要犯罪的时候，情绪会出现紧张和恐惧，在这个时候，外界的刺激很容易激发犯罪分子的犯罪行为；犯罪分子在犯罪过程中会出现手脚冰凉、全身发抖的情况，这个时候他们的心理是极度紧张的。此时有的犯罪分子会终止自己的犯罪行为，而有的犯罪分子则孤注一掷，出现更加严重的犯罪行为；在犯罪分子犯罪活动结束以后，心理的紧张情绪还将持续下去，他们出现精神恍惚、行为异常的情况，个别犯罪分子还会为自己的犯罪行为感到羞愧。

FBI总结出犯罪分子第一次犯罪的时候表现出来的行为特征：

①犯罪活动的周密安排性。

FBI认为，犯罪分子第一次犯罪的时候，大多都会对犯罪的时间、地点、地形、周边环境等进行分析，他们的犯罪动机和犯罪心理是经过内心激烈的争斗而形成的，为了确保犯罪活动的顺利进行，他们还会提前准备犯罪工具及作案计划。

②犯罪活动的危险性。

犯罪分子第一次犯罪的时候虽然把犯罪活动进行了周密的部署与安排，但是由于他们缺少必要的犯罪经验，很难预想到在犯罪过程中会出现的一些事情，一旦发生这些情况的话，他们只能束手无策。又加之犯罪分子的犯罪活动容易受到外界环境的刺激，所以在犯罪过程中犯罪分子就不免会出现手脚抖动、心慌意乱的情况，甚至可能会把作案的工具留在作案现场，这样的话无疑为快速抓获他们创造了条件。但是当犯罪分子的犯罪活动遭到其他人的反抗时，犯罪分子可能会对反抗他们的人采取行动。

③犯罪分子犯罪手法的单一与简单性。

由于犯罪分子缺少犯罪经验，所以他们在犯罪过程中的作案手法也非常有限，甚至是荒唐可笑的。他们对犯罪手法的认识只是停留在电影中的画面，会模仿电影中人物的犯罪手法来犯罪。FBI就曾接触到一起抢劫案，犯罪分子是个走出大学校门步入社会的男子。可笑的一幕发生了，这名男子在一个地下停车场想借助一根香蕉来抢劫一辆小轿车的女车主，当FBI赶过来的时候，这名男子用手中的香蕉紧紧地靠在被劫持女司机的脖子上。此时一位FBI快速冲到了这个男子的面前将他打倒在地，并解救了女司机。这名男子的这次抢劫行为也成为当地的一则笑料。

(2)随着外部条件的变化而犯罪

从犯罪心理学的角度出发，这种犯罪群体可以看成是偶犯。FBI认为，这种犯罪方式是犯罪分子随着外部条件的变化而采取的一种犯罪方式。简单来说，当犯罪分子受到外界的刺激与犯罪条件成熟的时候就会出现这种犯罪方式；当犯罪时机不成熟的时候就不会引发犯罪分子的犯罪活动。FBI认为，偶犯强调的是偶然性与情境性，任何一个条件不成立，都不会出现犯罪活动。

随着外部条件的变化而实施的犯罪也是第一次犯罪。犯罪分子也是受到外界的刺激后才做出的犯罪活动。他们的心理也会非常看重一些物质和名誉方面的东西，当他们看到成功人士的时候，也渴望自己能像他们一样一夜成名；当他们看到腰缠万贯的人时，内心深处也渴望能一夜暴富。虽然这是每个人都渴望的，但是他们的这种表现会受到一种特定情境和诱因的影响，自身的欲望会急剧膨胀，并形成一股势不可当的犯罪心理，在这样的情况下，犯罪活动开始发生并出现不可逆转的态势。

FBI通过深入分析认为，偶然性犯罪和犯罪分子的性格特征有着非常紧密的关系。可以肯定的是，偶犯的性格是不健全的。他们的性格多半是敏感的，很容易受外界的影响而情绪失控，暴躁易怒。他们做事比较冲动，不够谨慎，缺乏冷静的思考，并且性子急躁，不经过分析就马上付诸实施，因此容易作出一些有失周全的决策。他们脾气上来的时候能在大街上争得脸红脖子粗，一个转身则又和好如初，他们看到偏激的事情，怒火很容易就烧起来。他们对自己的控制能力不强，直接把不好的情绪发泄出来，和别人交往不能做到忍让。他们脾气不好，但却不记仇。有时候他们会因为一些小事和别人吵起来，情绪失控，但只要别人肯给台阶下，他们也会主动反省，真诚地向别人表示歉意。但是如果遇到和他们较真的人，他们往往不会迁就，而是简单地采取武力来解决问题，而这个简单的处理方法使他们走向了犯罪，违背了社会道德规范并触犯了法律。

当他们犯罪的时候，内心的情感变化非常强烈，他们会陷入到极度的恐慌与失落中，如果这种压力没有及时缓解的话，会聚成一股强有力的能量，使犯罪分子继续做出不理性的犯罪行为。这样的犯罪分子在犯罪过程中会表现出以下特性：

①犯罪活动的非预谋性。

犯罪分子的犯罪行为完全是受到外界刺激才产生的，他们的犯罪带有一种偶然性。在这个过程中，犯罪分子是没有时间去对犯罪活动进行预谋的，更没有时间对犯罪活动进行周密的计划。FBI认为，这样的犯罪分子根本不可能作到对犯罪活动事先进行部署，因为一切来得都比较突然。

②犯罪活动的冲动性。

犯罪活动的偶然性使犯罪分子在犯罪的时候并没有足够的心理准备。面对突发的事件和环境，犯罪分子受到刺激后便产生出强烈的犯罪欲望，这个时候犯罪分子表现出来的更多的是一种失去理智的行为，甚至连自己本身都没有意识到犯罪活动的发生。犯罪分子的这种冲动性的表现会给社会和民众带来意想不到的危险。

③犯罪活动的盲目性。

外界的影响使犯罪分子失去了理智，其犯罪活动也变得更加盲目。此时的犯罪分子根本不会考虑犯罪带来的后果，因为在他的头脑中已经产生了较为强烈的犯罪心理。

④犯罪活动的简单性。

研究发现，这些犯罪分子犯罪的过程一般都会很短，当警察赶到的时候他们已经收手。他们一般不使用作案工具，就算使用的话也是临时从旁边随手抓来。FBI认为，这样的犯罪分子不会把犯罪时间拖得太长，犯罪过程中一旦发生对他们形势不利的情况，他们就会溜之大吉。

不同的年龄具有
不同的犯罪心理

FBI认为，犯罪分子因为年龄、性别的不同，会出现不同的犯罪心理。按照年龄划分有青少年犯罪和老年犯罪等；按照性别划分有男性犯罪和女性犯罪。他们所表现出来的犯罪心理各不相同，而通过研究这些人不同的犯罪心理可以增强对犯罪心理的认识，从而从根本上预防和矫正犯罪行为。

FBI从年龄的角度出发，对犯罪心理进行了分析，并总结出不同性格与年龄之间的犯罪心理特征，这些特征包括：

（1）青少年犯罪心理

从目前国际形势来看，青少年犯罪的比例正在逐年上升，青少年犯罪在犯罪活动中已经占据了相当大的比例。从FBI多年的办案经验来看，青少年犯罪是令他们最头疼的事情，因为犯罪的青少年很多还只是孩子，生理和心理都不成熟，对社会没有太多认知，也缺乏自我管理和控制能力。怎样从根本上预防青少年犯罪成为FBI必须掌握的技能。

FBI认为，由于青少年受到学校、家庭、社会等多方面的影响，对社会某些现象产生了一定的看法，所以他们认为自己已经长大，有能力去处理好自己的一些事情。由于他们在成长过程中身体不断发生变化，例如，个子长高、骨骼不断变壮、嗓音开始变得浑厚等，又加之身体生理机能也在不断完善，表现出对事物有很强的好奇心。此时他们的思考能力和创造力明显增强，对新知识有非常强烈的渴求，并不断从外界学习一些新知识。他们思想活跃、喜欢幻想，对同学或朋友们的见解也抱有怀疑态度并敢直言批评。但是他们表现出来的最大问题就是思想还没有真正成熟，考虑问题总是很单一，对别人犯下的小错误总是会进行批评，喜欢与其他人争执，喜欢把问题打破沙锅问到底。

这些青少年在情感方面波动比较大。当他们与朋友或同学交往的时候，时而高兴，时而又阴云密布，经常会和别人因为一件小事争个没完没了，直到决出胜负。在成长过程中由于受情绪不稳定的影响，他们的自觉性变得非常差。这些青少年处于青春期，自我意识在不断增强。他们更多的是关心自己的利益，虽然他们的心理发生了转变，但是他们还是很难接受他人提出的意见或建议。因此很容易出现偏执的个性，当这样的情况出现后，有些青少年就会内心压抑，不能接受别人的任何批评。当有人试图用大道理说服他们的时候，这些青少年可能会与之发生争执。在他们看来，自己的自尊心不能受到任何伤害。他们非常喜欢听别人的赞美，对别人的批评尤其是带有侮辱性的话语坚决不能接受。FBI认为，在这个时期，如果不和青少年进行有效地沟通并加以正确地引导，就有可能给他们的成长蒙上一层阴影，使他们不能树立正确的人生观和价值观，从而有可能进一步做出对社会有害的事情。

FBI认为影响青少年犯罪的因素主要有：

①青少年对物质需求的不良追求。

调查表明，那些有犯罪记录的青少年的一个共同特点就是他们没有正确看待物质方面的问题。他们总是想得到物质而不顾及可能出现的危险。当他们看到有些人能够大手大脚花钱的时候，他们非常羡慕，也希望有如此美好的生活，却想不劳而获。但是由于自身的经济水平非常有限，完全依靠父母来得到金钱，而这些金钱已经不能满足他们物质生活膨胀的需求，于是他们用偷盗、抢劫等方式实现自己对物质方面的需求。

②缺少必要的引导，纯粹为了寻求刺激。

有这种犯罪心理的青少年不占少数。随着他们自我意识的提高，在错误信号引导下，以为谁胆子大，打架次数多，谁就是英雄，通过这样的方式到处招惹是非，争强好胜，以换取心理上的满足感。由于他们缺少正确的引导，内心世界非常贫乏，缺少必要的精神追求，把打架、胡作非为作为一种寻求刺激和填补精神空虚的方法，如果抱有这样的心理，犯罪就不可避免。

③青少年认识水平低下，没有形成一个良好的学习环境和家庭环境，一些青少年很早就脱离了学校与家庭。

他们不愿意学习，只是做自己感兴趣的事情。那些概念性和科学性很强的知识他们是不会感兴趣的，这就导致了他们缺乏必要的文化修养。他们也没有判别是非的能力，他们在分析问题的时候总是从自身的意愿出发并随着环境的变化而发生变化，与别人发生争执的时候也容易出现情绪激动、缺少理性判断的情况。不光如此，青少年法律意识的淡泊也是他们走向犯罪的一个原因。他们法律意识淡漠，对法律的权威性和惩罚性也没有切身的认识，认为遵纪守法是别人的事情与自己无关。

FBI认为，这些青少年犯罪会表现出以下一些行为特征：

①对事物具有很强的模仿性。

研究表明，青少年犯罪的手法都是从一些影像资料或者报刊上模仿过来的，他们非常热衷于模仿活动，并能够在最短的时间内对新事物进行学习。

②犯罪带有冲动性。

青少年犯罪往往会带有极强的冲动情绪，他们的自制力非常差，经常会因为受到外界环境的刺激而产生心理上的变化。

③犯罪具有凶残性。

他们道德观念淡漠，人格存在一定的障碍，加之在突发事件来临的时候控制不住自己的情绪，使得在犯罪过程中会做出一些不负责任、丧失人性的事情，这些行为不仅给受害人带来严重打击，还会危害到社会的安定。

④犯罪活动具有反复性。

青少年犯罪以后，接受了法律的制裁并决心好好做人以后，如果受到同伙的蛊惑与外界环境的影响，他们又会产生犯罪心理。也许由于法律对他们的处罚力度不大，没有给他们带来震慑性的影响，一旦犯罪时机成熟，他们就会再次犯罪。

(2)老年人犯罪心理

FBI认为，老年人的犯罪心理与青少年的犯罪心理有着很大的不同。由于老年人已经步入老年期，身体的各项机能已经出现了衰老的倾向，他们的肌肉开始萎缩，骨质疏松并且非常容易骨折，心脏功能也开始减弱，很多人的身体免疫能力出现了大幅下降的趋势，导致他们很容易染上疾病。有些老年人就是不能适应这些身体机能的变化而进行了犯罪。

由于老年人的体力已经大不如从前，所以他们的犯罪活动不会产生很严重的后果。研究发现，老年人犯罪活动主要有投毒、纵火、诈骗等。FBI分析出老年人犯罪的心理特征：

①需求与动机的特征。

步入老年以后，家庭生活的变故使一些老年人缺少必要的精神上的需求，他们感到空虚与无助。虽然他们也想让自己的生活充实起来并改变这种现状，但是由于种种原因，他们的愿望会落空。面对日益空虚的生活与精神世界时，有些老年人忍耐不住内心的寂寞，开始用犯罪的手段来弥补精神和生活上的空虚。

身体机能的不断变化使老年人在外界环境的刺激下表现出对事物的渴望，然而身体机能的减弱已经成为他们的绊脚石，他们往往会感到很无助，随着老年人的需求不断提高，他们内心深处的欲望更加强烈，因而便会出现犯罪活动。

FBI认为，老年人由于自身认知能力的下降，很多想法具有一定的顽固性，尤其是当有人指出他们缺点的时候，他们往往会固执己见，不能认真倾听别人的想法，更不接受别人的批评意见，久而久之，这些老年人就被错误的思想包围，在某种特定的情况下就会诱发犯罪。由于在学识与个人素质上存在很大差异，使他们产生了不同的观念。有些老年人的法律意识非常淡薄，当他们受到别人侵害的时候，并没有依靠法律的武器维护自己的利益，而是选择用鲁莽的行为对别人实行报复，从一个受害者变成一个犯罪分子。社会在不断进步，有些老年人由于思想过于保守，对社会上存在的一些新事物感到反感，他们完全按照自己固有的思想对社会上存在的事情进行评判，一旦新事物在他们的意识中没有存在的概念的时候，他们就会表现出完全抵触的态度，有些人甚至走向了极端，为犯罪埋下了种子。

②情感与现实出现差异的特征。

FBI研究发现，有相当一部分老年人犯罪都是由于内心情绪得不到有效释放，犯罪是他们心理宣泄的一种极端方式。由于老年人的中枢神经的机能在逐渐减弱，他们很难再去适应社会发展中的一些新事物，他们不会主动去适应社会的发展变化，这就使得有些老年人的思想非常偏激，一旦有人触碰到他们敏感的神经，隐藏在内心深处的怒火便会爆发出来，并且爆发的过程会持续很长时间，在这种情况下，老年人的犯罪心理也渐渐凸显出来。

FBI通过多年来对老年人犯罪的研究发现老年人存在这样的个性

特征：

①脾气怪异。

步入老年以后，老年人不光身体机能发生了很大变化，就连他们的脾气也在改变。他们对周围环境和人的态度也由年轻时期的主动变成老年时期的被动，在年轻时期，他们对新事物会表现出足够的热情，并非常愿意与别人进行沟通，但是上了年纪以后，他们的脾气就会发生很大转变，经常会在没有任何理由的情况下对其他人发火，让其他人摸不清他们的脾气秉性。甚至在生活中本来不起眼的一件小事也会被老年人搞得很复杂。他们对其他人的谈话也会产生很大的猜忌，别人说话时无意中的一个微笑也可能被一些老年人看成是取笑他们的信号，其实这个人只不过是在向这个老年人流露出诚挚的微笑。在这种情况下，老年人会失去很多原本的朋友，别人也不愿意和他们交往。随着时间的推移，老年人的脾气更加怪异，最终使老年人郁郁寡欢，增加了他们对事物的敏感度，如此一来，犯罪活动也会增加。

②自私自利，以自我为中心。

FBI研究发现，这些老年人经常表现出自私自利、以自我为中心的态度。由于年龄的不断增加，他们内心产生了强烈的孤独感，此时会对自身的利益非常看重，他们也会不惜一切代价来维护自己的利益。当他们受到不公正待遇的时候，内心也会爆发出强烈的情绪反应。在对待一些事情的时候，老年人会像一个孩子一样表现得非常任性且非常自私，他们认为任何事情都要以自己的意愿为转移，希望别人能和自己保持一致。所以，这样的老年人经常会因为一些事情与家人或者其他人发生矛盾冲突，甚至会犯罪。

FBI从年龄的差异中找到了不同的犯罪心理，这些经验是FBI多年深入研究的结果，这些分析也为研究犯罪心理学提供了一定的帮助。

7

群体犯罪
的心理差异

在国际安全形势日趋严峻的情况下，出现了以群体作案的犯罪，这些犯罪活动不仅使犯罪主体更加容易地犯罪，还使社会安全形势受到挑战。FBI通过多年来对群体犯罪的研究，总结出一套群体犯罪心理方面的研究成果，这些研究成果无疑成为研究犯罪心理学必备的参考资料。

FBI认为，群体犯罪指的是两人或两人以上共同完成的一种犯罪活动。其表现主要有：必须是两个及其以上人员形成的一种犯罪；犯罪过程中他们有严格的分工，犯罪的目的也是明确的，为了成功完成犯罪活动，他们会紧密地配合，直到犯罪目的得逞；犯罪活动具有很强的组织性，群体中会有一名头目，用来对各成员犯罪活动进行分配和管理。

FBI认为，群体犯罪是犯罪主体为了实现某一种目的而共同进行的犯罪活动，他们的犯罪动机和犯罪目的存在相同性，因此这些人相互影响并进行犯罪活动。每个犯罪主体之间的沟通与交流都会感染其他一些犯罪主体，为了达成目标，他们便会联合在一起，共同布置有凝聚力的犯罪活动，从而使他们的犯罪活动能持续下去。那么群体犯罪心理产生的原因有哪些呢？FBI对此作出了分析：

（1）犯罪主体心理因素

①犯罪主体的需求与习惯。

FBI认为，犯罪主体和普通人一样也会有恐惧的情绪，当他们遇到危险的时候也希望和别人在一起。群体中的每名犯罪主体往往出于对安全感的需求而选择了群体作案的方式，以掩饰内心的恐惧不安，同时这样做也可以鼓足他们的勇气。

相互沟通并达成一致的意见：当犯罪主体为了实现某一个目的的时候，会找到和自己有相同目的的人，进行长时间的沟通。在沟通过程中他们会为犯罪活动作出周密的安排，最终共同完成犯罪活动。

②心理暗示与模仿的因素。

群体犯罪中的每名犯罪主体都是受心理暗示与模仿影响而成长起来的。由于他们的目的存在一定的相同性，所以他们和群体中的头目以及其他群体成员配合得非常默契，他们经常模仿群体头目的犯罪手法，使自己能尽快达到目的。在犯罪的过程中，当群体头目向他们传递一个眼神与手势的时候，他们也会立刻意识到这些心理暗示背后所表现出的意义，从而为他们完成犯罪活动提供了不可或缺的帮助。

③互补与代偿。

群体犯罪中每名犯罪主体的性格、社会经验、年龄等众多因素千差万别，但是为了达到共同的犯罪目的，他们可以走到一起共同犯罪。在犯罪的过程中，他们会根据每个人不同的特性进行有效安排并取长补短，保证在任何情况下都能有效进行犯罪。例如，他们会挑选有驾驶技能的犯罪主体驾驶盗来的运输工具以便逃跑；在入室盗窃的时候，他们会从中选出有开锁经验的人撬锁来盗窃物品。

（2）社会环境等带来的外部因素

①社会经济出现衰退，人们生活水平下降。

这个因素是群体犯罪最直接的因素之一。由于社会经济形势不容乐观，他们的生活水平开始下滑，加之工作也出现了不稳定的情况，他们内心开始骚动，为了能拥有一定的财富，他们不惜用犯罪活动来达到自己的目的。

②社会风气带来的不良影响。

FBI发现，随着科技的进步与社会的发展，群体犯罪不断增多。究其原因，这与社会不良风气也有一定的关联。那些黑社会、色情、贩毒、反人类的不良文化通过广播、电视、网络等众多媒介对人们产生了视觉和心理上的冲击。有些犯罪主体受到这些不良信息的影响后，思想开始腐化，行为开始堕落，当受到不良影响的人越来越多的时候，就形成共同的犯罪心理，从而开始犯罪。

③社会压力与处罚力度不到位所产生的矛盾。

由于群体犯罪活动会受到社会民众的强烈谴责，犯罪主体在犯罪的时候会考虑到来自社会的压力。FBI认为，光有社会压力是远远不够的，如果没有严厉的法律制度作保障，犯罪主体就不会真正感觉到威慑，也形成不了压力。虽然社会的压力可以减少群体犯罪的发生概率，但是缺少对犯罪主体的惩处，不仅不会控制犯罪的发生，还会使犯罪活动进一步加深，从而失去社会压力的作用。

④社会发展中出现的诸多影响发展和其他的不稳定因素。

每个国家在社会发展过程中都会遭遇到一些意想不到的困难，如果能及时克服这些困难的话，不会带来不利影响。国民人口激增、就业率不断降低、社会贫富差距不断被拉大、贪污受贿结党营私的现象层出不穷，而如果没有相应的政策和方法来解决这些不稳定因素，社会上必将会滋生出许多犯罪群体，使群体犯罪的概率大大增加。

FBI研究发现，群体犯罪会经历以下的过程：

①群体犯罪心理初现端倪。

这个时候的犯罪主体并没有开始犯罪，可他们的犯罪心理已经形成，多种原因使他们为了实现自己的目的而出现了犯罪动机。犯罪主体会通过表情与语言表现出来。

有一个FBI讲述了这样一件事情：

一个周日的中午，这个FBI去一个咖啡馆就餐，点完餐以后他们看到对面五米处的座位上有一个上了年纪的男子，正在大声地抱怨着："政府要实施退休新政，这意味着我们的退休金就会受到影响！"这名男子向同桌的两个人说道，可以看出他的情绪非常激动，还把咖啡杯重重地摔在桌子上。这个FBI意识到这名男子情绪非常激动，对新出台的退休新政也表现出强烈的不满，他随时都有可能做出不理性的举动，甚至是犯罪。为此这个FBI安抚了这名男子的情绪，并告诉他政府已经开始认真着手解决这件事，会给民众一个合理的说法。

②群体犯罪主体间的沟通。

FBI把这个信号看作是群体犯罪的前奏。犯罪主体产生了犯罪心理以后，会找到和他们目的相同的犯罪主体，在他们的交流中会提及到如何犯罪、犯罪的最终目的等实质性的问题，一旦他们对犯罪活动达成一致的意见，并形成一定的默契，那么就会为进一步犯罪打下基础。

③群体犯罪主体的最终实施。

当群体中的犯罪主体对犯罪计划进行好周密的安排后，在群体头目的策划和带动下，犯罪主体就会作出犯罪的决定。

第五章 ....

FBI的心理密码：
一眼看透人心的智慧

FBI认为，在与人相处的过程中，如何认识一个人，并看透隐藏在他内心的智慧是非常重要的。无论是在工作还是在人际交往中，如果不能够解析出一个人，那么就会处处为难。在生活中，如果没有看透人心的智慧，也会带来一定的烦恼。因此，FBI总是把观察一个人心理世界的变化作为工作中必不可少的一门课程，并练就了一双看透人心的慧眼。FBI总会说："在复杂的国际形势中，若不知他人的所思所想，谈起话来可能会摸不到门路；若没有掌握一眼看透他人内心的本领，工作或生活中也会遭遇到挫败。因此必须要拥有透视人心的本领，这样就获得了制胜的法宝，对工作和生活来说具有不可或缺的意义。"

观察对方鼻子的变化，
鼻子背后大有学问

　　鼻子是人类的身体器官之一，但是它在很多时候被人们忽视掉。有些人认为鼻子并不能反映出一个人的性格特征和内心的想法。这些人认为，鼻子本身不能被看成是一种表达动作的器官，因为它很少能发出信号，就算发出信号，这些信号也是微小的，很多人不容易把握到这些细微的信号，所以这些人就认定鼻子不能反映出人内心世界的变化。但是FBI却有截然不同的看法，他们认为，鼻子周围的神经组织虽然不像其他身体部位那样敏感，但是在某些时候还是会表现得非常敏感，这种情况会因为个体差异而有所不同。很多人有这样的体会，当受到外界的影响而哭泣的时候，鼻子也会发生一些变化，同时发出一些声响；当人们对某件事情表现出不耐烦甚至持怀疑态度的时候，他们的鼻子会发出"嗤嗤"的声音，鼻子会向上提，不过这种动作非常细微，普通人根本不容易察觉到。但是仔细观察的话，还是能从这些细微的动作变化中找到一些信息的，这些信息说明这个人已经表现出轻蔑的态度。

　　FBI为了进一步研究鼻子变化背后反映出来的信息，专门做过一些观察与分析。他们深入到机场码头、大街小巷、宾馆酒楼等，仔细观察人们鼻子的变化情况。他们总结出这样的结论：

（1）人们在旅行过程中鼻子变化最为复杂

FBI认为，当人们从一个地区到另外一个地区旅行的时候，他们的鼻子所表现出来的动作信号最为复杂。例如，当他们来到一个陌生环境的时候，他们往往会表现出一丝的不安，此时他们的鼻子也会发生变化。而当他们与同车的陌生人交谈时，说话的声音会压得很低，很多声音都是通过鼻音发出来的，在他们看来，与陌生人交往要警惕，不要轻易暴露自己的真实身份。FBI从这些人的鼻子变化就可以判断出他们的内心变化。这些人都是一些思想保守、不敢突破自己的人。

（2）人们鼻子的变化是多变的

FBI观察发现，人们的鼻子在受到外界气味或者心态影响的时候，会发生一些变化，而这些变化是多变的。普通人想要从鼻子的变化中洞察出这些人内心的变化情况，就要对鼻子的信息进行足够仔细的观察。当人们受到气味的刺激后，鼻子会有明显的变化。在一桌香喷喷的饭菜面前，鼻子会放松并伴随着伸缩动作；遇到不喜欢的气味时，鼻子会出现颤动，还会伴着打喷嚏的现象，甚至还会有人把鼻子捏紧，他们的这些表现都反映出这些人对该气味的厌恶。据FBI的观察，那些长着高鼻梁的人都有些清高，他们的内心深处总是感觉自己高人一等，并感觉自己与生俱来就有一种优越感，这些人在社交中总是把鼻子挺得很高，以显示出他们傲慢的态度。

一位联邦警察讲述了这样一个案例：

在一架开往日本东京的航班上，一位退伍军人看中了一个漂亮的空姐，于是他展开了爱情攻势。为了表现出他男子汉的气概和与众不同的吸烟方式，他向空姐吐出了一个又一个烟圈，想通过这样的方式来追求空姐。本以为这样能赢得空姐的欢心，但是没想到空姐却赶忙用手把鼻子捂了起来。但是这个退伍军人并没有观察到空姐的厌恶之情，追问道："这个烟圈怎么样？"空姐也没有继续理他，而是捂着鼻子跑开了。空姐对此表现出很大的厌恶之情，通过捂住鼻子的方式向退伍军人表示了拒绝，可那位退伍军人并没有发现捂鼻子反映出来的信息，而是继续做不该做的动作，自然要遭到挫败。

有人也认为，当人们对某件事情表示厌恶的时候，会不自觉地用手捂着鼻子，这是对某个人或某件事表达出不满或者反感的情绪。对此FBI建议人们，与陌生人交谈的时候，如果看出对方用手摸自己的鼻子，或者鼻子高挺，就要尽快终止和这个人的谈话，因为这个人对你的言论已经表现出不耐烦与傲慢的情绪，如果继续交谈下去，对方鼻子的动作会表现得更加频繁，同时也会影响到双方对各自的看法。与其破坏掉你在对方心目中的形象，还不如提前结束交谈，这样才是比较明智的选择。因此，如果在社交中遇到和自己厌恶的人交谈的时候，为了结束浪费时间的谈话，不妨通过鼻子的动作向对方传递一些信号，为了使这个信号能及时准确地传递到对方面前，还要不停地交换手脚，通过这些动作的配合，就会很直观地给对方一个信号，从而尽快地结束谈话。所以FBI认为，通过观察对方鼻子的变化情况，可以很容易看透一个人内心世界的变化情况，鼻子背后深藏的学问也被挖掘出来。

通过细致观察发现
事物的本来面目

　　FBI认为，无论在工作还是生活中，所有人的身上都存在各种各样的弱点。毫无疑问，这些弱点会影响人们在工作和生活上的进步。因为这些弱点往往会在人们做某些事的时候将人们的手脚束缚住，进而使工作无法在既定时间之内完成。时间一长，如果工作中经常出现问题，自然就阻碍人们的发展。要知道，无论是企业家还是政治家都喜欢帮助各方面都很优秀的人，而且这是社交中的惯例。假如你具备了做企业家或者政治家的能力，试问，你会去帮助一位满身都是弱点、不敢突破自己的人吗？人们绝对不会去帮助这样的人。有时人们在做某件事的时候，思想灌输给大脑的往往不是"这件事情我一定可以出色地完成，只有我最棒"这样的信条，而是"这件事情我能够做好吗"或者是"也许我不适合做这件事，还是放弃吧"之类的话语。显然，这种思维绝对是不自信的最直接表现。如此一来，抱有这种思维的人又怎么能够信心十足地、全力以赴地去做事呢？

　　在工作中，如果上述这种人的做事能力长期处于一种弱势之中，那么无论是企业家还是政治家是绝对不会注意到他们的。可以说，如果他们想在社交中引起企业家或者政治家的注意，那么他们就必须要实现自我突破，将自己的弱势慢慢地清除掉，甚至将弱势变为强势，以使做事能力得到最大程度的提高，进而使得自己在社交中拥有一定的地位，将可以影响他们命运的人的注意力吸引过来。要知道，一旦影响他们命运的人注意到他们，就意味着他们身上的某种物质对别人产生了一定的吸引力。如此一来，他们往往就能够得到企业家或政治家的栽培。之后，如果他真的具备能力，那么企业家或者政治家就会慢慢地提拔他们，直至将他们推向成功的人生。那么，在社交之中人们该怎样突破自我呢？相信大家在日常生活中都看到过美丽的、翩翩起舞的蝴蝶。可是，在大家看到蝴蝶的美丽的时候，谁又曾想过蝴蝶的美丽是怎么得来的呢？FBI就用蝴蝶是怎样实现自我突破，怎样从幼虫化蛹成蝶的过程向人们进行阐述。

　　FBI通过日常观察并结合科学知识告诉人们，蝴蝶在幼虫时期为迎接自己的美丽新装，首先要口吐细丝，把自己的身体严严实实地包裹起来，形成一个蛹壳。然后，幼虫在蛹壳里经过一段时间的能量积累之后，它就会再次接受生命的洗礼。其实，在蛹中幼虫并非在偷懒睡大觉，而是为了将来能够顺利地突破蛹壳而不断地积聚着能量。在能量积聚到一定程度之后，蛹壳里的幼虫便化身为美丽的蝴蝶，开始一点点地将蛹壳弄破，以摆脱蛹壳的束缚，获得翩翩起舞的自由。谁又知道在这一过程之中，幼虫需要忍受多少痛苦啊？其中，幼虫根本无法避免掉的痛苦就是破蛹而出时的疼痛。虽然在疼痛难耐的时候幼虫也曾动摇过意志，产生过要放弃的念头，可是，如果它们将此念头转化为实际行动的话，那么等待它们的就只有死亡。毫无疑问，同死亡相比，任何难以忍受的疼痛似乎瞬间就会变得微不足道了。更何况，所有的生物对生命都是充满无限憧憬的。当然，蛹壳里的幼虫也不例外。于是，它们就只能不断地突破自己——将所有的疼痛抛在脑后，一心一意地努力破蛹而出，化身美丽的蝴蝶，开始新的生命。在它们耗费掉全身的能量之后，美好的阳光开始悄悄地照到了它们已经蜕变成美丽蝴蝶的身上，于是在阳光的照耀之下，它们开始舞动自己的美丽蝶生。

很显然，给人们的视觉带来美好享受的蝴蝶的美丽外表是它们承受了很多的疼痛之后化身得来的。而人们在社交中若想取得一番不错的成就，当然也需要克服自身的许多弱点，承受许多由工作而产生的挫折，经历痛苦之后才能够同蝴蝶一样成功地化身。只不过蝴蝶是从幼虫转化成蝶的成功，而人是在社交中得到提升职位或者是培养技能的转变。而一旦他们在社交中有了这样的转变之后，往往就有机会将改变他们命运的人的注意力吸引过来，从而使他们在社交中有一个更高层次的蜕变。

对此FBI认为，如果人们想在社交中将影响他们命运的人的注意力有效地吸引过来，从而得到这些人的培养、帮助、提拔，进而在社交中取得一定的成就、获得成功，那么他们首先要做的就是要突破自我，克服自身的缺点，在某一方面取得一定的成绩，将自己所具备的能力突显出来。只有这样他们才能够将这些人的注意力给吸引过来。所以说，在社交中学会突破自我，冲破局限对每一个人而言都是至关重要的。因为这样的突破影响着他们在社交中的表现。

3

从对方情绪出发把握
对方的心理变化

　　心理学家一致认为，人是情绪变化最快也是最复杂的动物。FBI
通过多年的经验也验证了这一点。FBI认为，在公共场所，有些人往
往由于自身面子的问题，把真实的想法和情绪掩饰起来，在别人看
来，这样的人非常具有风度，是一个非常平易近人的人。但是当他们
回到家以后，积压在内心的情绪就会一股脑儿地释放出来。这也充分
说明，人的情绪随着地点和时间的变化而发生变化。

　　很多人都有这样的经历，在工作中面对领导或上司的时候，与他
们处得很好，从来不和他们发脾气，但是一旦下班回家，就会把在单
位中压抑的怒火发泄到妻子或孩子身上。而人们情绪的变化在不同时
间或地点也会不一样。很少有人看到某个人在公共场所对一个人大喊
大叫，不顾及自己的形象，而更多的是把自己的情绪隐藏起来，无论
遭遇到任何不顺心的事情，都要克制住自己内心的愤怒，等换了一个
场所后便开始发泄自己的情绪。

　　FBI从情绪出发分析了以下一些人的心理变化情况：

　　（1）在任何场合都可以很好控制自己情绪的人

　　FBI从多年的研究发现，这样的人性格奔放，豪爽大方，一般不

喜欢和别人斤斤计较。这样的人崇尚自由，对自己喜欢的事情抱有很大的热情。他们有极丰富的想象力和好奇心，也许他们从小就不是听话的学生，迟到、早退样样都干过，但肯定是最聪明的。他们思维敏捷，能很快吸收所有他们认为有益的东西。这样的人对语言有着超乎寻常的敏锐力，是吸收和传播资讯的天才，是网络流行语和新词语的创造者。当然外向的性格也使他们乐于充当并且很享受这样的角色。见什么人说什么话、在什么场合变什么脸是他们最擅长的。但他们的特点又很让人费解：他们心地善良，心胸宽广，但是他们要整起人来却一点都不含糊，对所有人都无所畏惧，明争暗斗什么招都敢接；他们活泼风趣、反应敏锐、思维活跃，但他们有时候会显得神经质、特别喜欢孤独。这样的人认真起来一本正经，散漫起来就疯得没边。他们紧跟潮流永远是时尚潮人，总是什么流行来什么，什么时尚穿什么，旁边的人看得眼花缭乱，他们却玩得不亦乐乎。但是这样的人缺乏耐心，对慢吞吞的人或发展缓慢的事物都没有耐心。这样的人不怎么守时，但又最讨厌别人不守时，谁和他们约会迟到半个小时，肯定会被放鸽子——他们不会有那么大耐心来等。这样的人思维敏捷，头脑里总能蹦出各种各样的新奇想法，但兴趣多变，没有耐力做到最后，容易半途而废，不然就被脑海中同时出现的几个想法弄乱阵脚。

FBI认为，这样的人自傲。他们很少佩服别人，偶像就是自己，除非是碰到比自己更牛的人。他们"不可无傲气，更不可无傲骨"。这样的人是有自傲的资本的，他们是典型的一点通，聪明、有逻辑性，有"敢为天下先"的勇气和果断处理事情的能力。但他们很会察言观色，知道见好就收，是一个既让长辈操心又惹人宠爱的人。这样的人很幽默风趣，加上顶尖的口才，让他们总能成为焦点。

（2）在任何时间或任何场合都表现得非常烦躁，控制不住自己情绪的人

这样的人没耐心，也缺乏持之以恒的精神，加上他们自命不凡的特点，在和别人的事业赛跑中，很容易变成龟兔赛跑中那只跑得快但骄傲的兔子。他们对需要持续努力的工作缺乏定力，追求新鲜感和刺激，一旦对工作失去了兴趣就没有继续下去的可能了。若长期如此，只会蹉跎岁月且毫无建树。这样的人喜欢冒险，对于有刺激有挑战的工作具有极大的热情，他们不喜欢固定在某一个地点或是某一个位置上，不停地接触新的事物对于他们来说有很大的吸引力。他们有天生优异的语言功底和收集情报的能力，他们性格开朗健谈，很容易融入一个团体。并且有很强的号召力，很有领导才能。当然在这些充满新奇和挑战的领域里，他们能完全发挥出自己的潜力。这样的人有出类拔萃的能力，他们有超强的理解分析能力和灵活的头脑以及无懈可击的口才，有很强的适应力和迅猛的行动力，如果他们能专注于某一领域，那么能在任何领域里出类拔萃。

FBI认为他们鬼灵精怪。他们的人生和他们的性格一样变化多端又多姿多彩。他们绝不吃亏——但两种情况除外：一是与对方力量悬殊，他们就聪明地知难而退，还很自信地认为自己是个大丈夫，能屈能伸；二是他们能看出，吃点小亏后，不久就能占到大便宜。他们的人生态度乐观，像个万花筒一样五彩斑斓，从每个角度都能瞅到不同的颜色，心情和表情时晴时阴，有很强的抗击挫折和失败的能力，往往你还没来得及安慰他们，他们就早已阳光灿烂了。这样的人敏锐、聪明，他们总能轻而易举地看出事情的逻辑和发展，有超强的分析能力，所以能很快找到处理事情的要领。但他们没有坚持到底的恒心，不执著，一味地信奉"条条大路通罗马"，路途稍有崎岖就没有继续走下去的勇气了，他们总是半途而废、不断地改变路线。这样的人是优秀的分析家，但不是勤劳的执行者。这样的人崇尚自由，不管是什么人、什么事物都不能束缚住他们想飞的翅膀。但他们也喜欢热闹，钟情于人来人往的地方。热闹的都市生活是他们的最爱，他们天生就适合这样快节奏的生活方式。

（3）在公众面前能控制好情绪，但会通过一些方法适当地释放自己情绪的人

这注定他们谦逊、随和、善解人意。这种人有公众意识，从不对别人乱发脾气，处处能为他人着想。他们有包容心，不会为一些小事和其他人计较。他们语气柔和，尽量避免和别人发生正面冲突，也从来不会和别人针锋相对。这种人有坚硬的外壳，以保护自己不被伤害，但他们有一颗柔软的心，他们极富同情心，有菩萨心肠，对于有困难的人不管是朋友还是陌生人都能给予帮助。他们是那种对街上行乞者慷慨解囊的人。他们小时候是懂事的孩子，成年后是慈父慈母。这种人通常以家作为人生的终极目标，家也是能给他们最大温暖的地方。这种人很会持家，总把自己的家里打理得井井有条，绝不允许杂乱无章。这种人都很用心地去经营自己的家，也享受这种点点滴滴经营起来的小温暖。他们对自己用双手创造出来的幸福特别珍惜。这种人谨慎、朴素、保守，遵循传统文化和生活，对于一些超越传统的事情很难接受。他们对男主外、女主内的生活极为推崇。

FBI通过观察认为，这种人很恋旧。他们重情重义，是"结识新朋友，不忘旧朋友"的人。他们对物品有恋旧情结，能清楚记得发生在每件物品上的事情，对他们来说，珍贵的不是那些东西，而是它所代表的意义。这种人做事认真负责，他们用踏实、忠诚的态度来对待任何人和事。他们在学习、工作和生活中都一丝不苟，也许他们速度较慢，但绝对是慢工出细活。

同时，这种人是悲观主义者。他们经常为很久以前的事情感伤，悲春伤秋是他们的特点。他们生性多愁善感，忧郁并且略带神经质。他们很敏感，是"一石激起千层浪"型的人，一点小动静就能对他们产生很大的影响，这种极度敏感的性格导致他们情绪极不稳定，喜怒无常。这种人对变化或挫折没有适应力，一有变故就容易惊慌失措，而且有悲观主义心态的他们总是把事情往最坏的方向想，容易歇斯底里。这种人爱幻想，缺乏安全感，他们不轻易让陌生人走进自己的世界里，对外人有很强的警戒心。这种人有时候会没来由地担惊受怕，害怕自己的幸福和所拥有的一切被人夺走，所以过分地控制自己拥有的一切。他们的这种神经质常会让周围的人喘不过气来。

FBI认为，每个人的情绪是多变的，情绪背后所反映出来的是这些人的性格特性和心理变化情况。而在现实生活或工作中，FBI也是通过从一个人的情绪出发，对这个人进行全方面的分析，并掌握对方的心理变化情况。这样看来，FBI也把情绪变化的情况视为办案过程中重要的参考内容。

品读对方的脾性，
判断对方的性格

FBI认为，人的脾气是多变而复杂的，脾气对每个人而言并没有严格意义上的好坏之分，人们感受得更多的是脾气的温顺与暴躁。在工作或者生活中，人们在处理某一件事情的时候，总会表现出不同的态度，在这个过程中会存在善意的温顺与恶意的暴躁，由于环境的复杂性，有些人因为看不惯某事而出现粗暴等不可控制的举动。

人们在工作或生活中难免发点脾气。FBI认为，一个人脾气发得合情合理，有充足的理由来发脾气，不能盲目地发脾气，更不能胡乱地为了发脾气而发脾气，因为脾气最能体现一个人内在的修养。通过观察，FBI发现，那些忠厚老实的人发脾气的时候，声音不会太大且持续时间短；那些趾高气扬的人发起脾气来，不仅声音大且持续的时间也会很长。人们经常可以看到这样的情景，一名怒气冲天的老板正在和一名下属发脾气。在这个过程中，老板多是盛气凌人的，且不听下属的任何解释，有些脾气大的老板还会把放在办公桌上的文件夹等物品向下属扔过去，以表达自己内心的愤怒，而此时的下属只能是像被驯服了的猫咪一样，表示出准备接受老板批评的态度。FBI总结出这样一些人的脾气及其性格。

（1）不与别人争论，很少发脾气，但是当有人一再触碰他们容忍底线的时候，他们会予以还击

FBI认为，这种人性格温柔、和气善良，能放低姿态，他们很少和别人发生冲突，对于不喜欢的人他们也不会明显地表示出厌恶。他们热心助人，乐于为别人排忧解难，是和平使者。这种人极富同情心，经常为别人的不幸而流泪，也能济贫扶弱。

这种人是喜欢稳定的，他们对没有保障的单位或者有很大挑战性的工作敬而远之。这倒并不是因为他们胆怯，而是因为喜欢安定，希望职业能平稳发展。这种人容易情绪化，但聪明的他们清楚地了解自己的缺陷，所以他们会创造或选择一个稳定的环境来控制情绪。这种人很有耐心，认真，有韧力，很少半途而废。他们对事物有很强的观察力，有与生俱来的超常记忆力，又天生喜欢怀远思古，考证和研究历史这样的工作很适合他们。他们对公司绝对忠心耿耿。他们总能设身处地地为别人着想，他们务实，不喜欢争斗邀功。因此他们晋升的概率也比较大。

他们的人生甚至可以简单概括为：一切只为家人好。小时候他们善解人意，用优异的成绩让家长开心，而长大后他们为了家庭而努力奋斗，他们的幸福快乐大部分都来自于幸福和谐的家庭。

这种人对美有敏锐的感受力，比如美的风景、美的画和美的文字、美味的食物等。其实他们的快乐很简单：做一顿色香味俱全的饭，或者是看一本有所触动的书。这些小事情能让他们觉得人生充满着快乐。这种人不抱有享乐主义人生观，他们朴实、务实，对物质上没有过分需求，并不追求奢侈豪华，而只要求简单实用。对他们来说，物美价廉的商品价值远远高于价格昂贵但无实用价值的奢侈品。这种人很感性，悲春伤秋的性格让他们多愁善感，对人生和事物的发展持悲观态度，一陷入困境，就容易惊慌失措。

他们有很好的人缘，总会有很多人把他们当知心朋友。但他们不轻易把别人当知心朋友，做他们的挚友很不容易。他们会把周围的人分出层次，他们能敏锐地分辨出谁是他们能交往的，谁是要排队或排除在外的。他们对别人好是因为他们有博爱的天性，但他们从不会让别人轻易地走进自己的世界，在他们的坚硬外壳下藏着很多小秘密。这种人很敏感，他们对情绪的控制力不强而且容易突然悲伤，如果他们突然心情不好，能把热闹的聚会气氛搞砸。虽然他们不喜欢争斗，但他们能适时地反击。他们能很快地抓住对方的弱点，这时他们的语言有很大的杀伤力，不见得会咄咄逼人，但肯定会绵里藏针。

（2）凡事都喜欢与人争论，脾气也会被谈话的环境和谈话者的态度激起

FBI认为这样的人属于典型的支配型。他们有绝对的领导力、占有欲和决策力。身上有贵族的气息，任何时候都是独领风骚的风云人物。他们有活力、有激情，能在自己所处的领域里抓住所有机会展现自我，他们随时都能让自己光芒四射。这样的人有很强的支配欲，他们是王者，绝不能容忍别人轻视自己。他们还是说一不二的人，言必信，行必果。他们是有毅力、有野心的完美主义者，一旦确定了目标，就能铆足了劲朝着目标往前冲。他们有成就大事业的才干，也是有使命感的领袖，就算他们不要求别人，也会有一堆狂热的追求者为他们赴汤蹈火。

这样的人有强烈的自尊心和自我肯定意识，他们有优越感和自信心。平淡和普通是他们用来形容别人的字眼，但他们从不把这些字眼用在自己身上。他们有创新能力，思维敏捷，行动迅速，有果断的决策力。这样的人有威严的气势，身上有强大的气场，看起来不容侵犯，也有不怒而威的凛然。

这样的人有乐观主义精神，有卓越的能力，虽然他们的路途不可能一马平川，但他们有很强的应对能力，永不言败是他们的座右铭。他们有崇高的理想，而且能以乐观的心态克服前进道路上的困难。面对失败和挫折，他们不会一蹶不振，不会悲天悯人，也不会寄希望于运气，而是用自己非凡的勇气和智慧打开通向成功的大门。他们非常自信，但随着地位的提升，这种自信会膨胀起来，于是他们变得刚愎自用，总把自己当做最闪亮的那颗星。这样的人性情孤傲，很难虚心听取别人的意见。他们即使认为对方的意见有价值，也会吹嘘说自己早就想到了，只是没说出来而已。这样的人虚荣心极强，他们要面子、讲排场，追求华丽、高贵，哪怕打肿脸也要充胖子。

FBI认为，这样的人欣赏自信、有激情而又开朗乐观的异性。他们最不喜欢拐弯抹角的人，言辞闪烁的人也会让他们反感。这样的人对感情很忠诚专一，富有魅力的他们也许会让很多人心仪，暗恋或明追的人都不少。但是他们很爱面子，要恋爱也要找一个配得上自己的人。他们很浪漫，但也很理性，还有点贪婪，不会为了爱情而抛弃面包，但也不是只选面包不要爱情的人。而是两者都要，既要唯美的爱情又要奢华的物质，当然很多追求者都会因为他们要求过高而止步。然而，一旦这样的人和谁对上了眼，他们会把满腔的热情都投入进来。这样的人愿意把无限的真诚投入到爱情里，他们会尽力照顾、保护自己的恋人，也希望对方能毫无保留、发自肺腑地爱自己。他们渴望富贵、华丽的爱情，把自己的恋人打扮得光彩照人、靓丽无比。他们的爱情像焰火般绚烂迷人，每一个角落都散发着光芒，他们专一、忠诚，对感情坚如磐石。

（3）脾气温和，但是在涉及到自己切身利益的时候会极力地使自己摆脱不利处境

在FBI看来，这样的人具有激情澎湃、无所畏惧的勇气。他们从不认输，越是困难重重的事，越能激发他们的挑战心理。这样的人天生不适合稳定且没有激情的工作，那会磨掉他们的霸气，也会因为感觉英雄无用武之地而消极浮躁。智勇双全的他们通常都扮演着领导角色，有出类拔萃的领导能力，任何时候都希望自己当主角。他们从不甘于当一个跑龙套的小角色，即使是做助手，也希望得到赞扬和足够的注意。他们有协调性，能顾全大局，在高层管理职位上能做到得心应手。但他们不甘心一直被人领导，大胆有远见的他们是天生的创业家。

他们对沉闷的环境没有适应力，希望有一个热闹的环境和一个热闹的集体。这样的人自我表现欲强，随时都想把自己的光芒展现出来，他们属于耀眼的舞台，艺术界、娱乐圈是他们最能发挥才能的地方。这样的人有很强的创造力，服装设计和造型师都是他们能所向披靡的行业。他们有很强的领导欲，在不自觉中会表现出支配别人的欲望。他们由于太自信，在决策方针上固执、武断，总认为自己是完全正确的，因此这样的人应该学习怎样集思广益。他们像森林之王一样刚毅、有气度。这样的人乐观，面对失败能向好的方向看。他们不甘于平庸，相信自己有领袖之才，能把自己的热情、才华都发挥出来，获得成功后的喜悦是他们最大的幸福。

这样的人不是享受型的人，他们虽然不完全以物质作为衡量快乐的标准，但有很强的虚荣心，特别会享受物质生活，昂贵的奢侈品、华丽的环境都是他们追求的。当然这样的人很自信，就算正处于很窘迫的境地也不会怨天尤人，因为他们相信自己会是最闪亮的那块金子。

这样的人有天生的优越感，他们相信智慧和能力就是无穷无尽的财富，事实也的确如此。他们追求绚烂多彩的人生，笑对道路上的坎坷，他们都喜欢在风口浪尖做最惹眼的那个人。这样的人善于变通，也愿意充当先行者，卓越的他们总能从险境中开辟出一条生机盎然的道路。爱炫耀的他们是最离不开朋友的,他们需要观众的掌声,富有才华的他们也能拥有众多忠实粉丝。这样的人喜欢指使人,但对于别人的指使却特别反感。他们有很好的领导能力,总能不自觉地在团队里占据领导地位。

　　FBI经常会说:"其实对一个人进行心理解读是件非常容易的事情,在这个过程中只要能够做到仔细品读对方的脾气,就可以判断出这个人的性格特征,为全面分析这个人提供借鉴作用。"只要按照FBI的方法去做,在对一个人进行心理解密的时候一定能够受到启发。

审视对方的形象，
看透对方的伪装

FBI认为，通过审视对方的形象可以看透对方的伪装。一个人外在的形象可以很真实地反映出他们的性格特征及个人修养。在现实社会中，每个人都有自己的形象，形象的变化会随着性格的变化而有所不同，而人们对一个人形象的认同也会不同。大多数情况下，人们都喜欢和那些形象良好的人交往，而很少喜欢和那些不注意自己形象的人长时间交往。形象的好坏可以从一个侧面反映出一个人的性格变化情况，也可以有效地看透对方隐藏在内心深处的秘密。

在现实生活中，每个人都存在一定的差异，他们对各自的形象问题也表现出不同的态度。有的人非常在意自己的形象，总是希望能够把自己最好的形象展现给别人，而有的人却非常不注重自身的形象，在他们看来，根本没时间也没精力顾及到自己的形象。对此，FBI从社会生活的角度出发，通过几年的观察与分析，总结出这样一些结论：

(1)非常注重自己的形象，希望能够给人留下好的印象

FBI认为，这种类型的人有完美主义情结，总怕自己做得不够好，每个步骤都要求做到最好。但有时候会因为太注重细节而忽略了

整体的圆满。这种类型的人好学，有旺盛的求知欲，总是孜孜不倦地学习，以求完善自己。他们对自己要求严格，不会放任自己滋长惰性，有批判性，对周围的一切都要吹毛求疵。这种类型的人勤劳、认真并有强烈的责任心，做事喜欢追求效率但不好大喜功，属于说得少做得多的实干派。他们实际上有很多引以为荣的优点，但内向谦虚的他们总显得不够自信。这种类型的人谦虚，有才不外露，是谦虚的典范。他们即使比别人优秀很多也不会盛气凌人，像个绅士，对谁都彬彬有礼。这种类型的人谨慎、理性。他们强调事物的条理性，做事喜欢按规划按步骤进行，总是先把头绪理出来才开始处理事情，而不是边做边想。

不过他们身上有矛盾的一面。他们大部分都是性格内向的人，温柔、和气，能在舞台下给别人掌声。但这种类型的人也善变，当他们觉得被一些琐事折磨得烦躁的时候，状态会变得很坏，或者对谁都不理睬或者对人乱发脾气。可是当他们热情洋溢的时候，会把自己的温柔、风趣、才能、内涵等全部展现出来，显得魅力四射，成为人群中的焦点。这样忽冷忽热的状态让人很难捉摸，甚至连他们自己也不能把握。但这种类型的人能在状态不好的时候有清醒的自我意识，这时除了不得已要交往的人或者陌生人外，他们尽量不和别人交往，会和好友、恋人保持距离——他们担心会伤害到自己喜欢和爱着的人，并且和谁越好，躲谁越远。这种类型的人务实，但又极富浪漫情怀，他们有超凡脱俗的一面，但又喜欢平凡、稳定的生活；他们希望能让别人了解，可是却很难对别人完全打开心扉；他们不想伤害任何人，但他们的神经质无形中常常伤害到爱自己的人。这种有着双重性格类型的人会让他们常常处于矛盾之中。

多年观察的经验表明，这种类型的人喜欢干净、整洁的环境。他们会把房间整理得一尘不染，而且不喜欢突然有人或者突发的事来打扰精心布置的私人空间。这种类型的人似乎有轻微的洁癖，实际上他们只是想要整洁、干净的环境。他们探亲访友时不喜欢在亲友处过夜，除非他们是有备而去，随身带着自己的床单、被子。这种类型的人有精神洁癖，极度厌恶阴暗的思想和人品，如落井下石、势利等；而对于刚正不阿、光明磊落的人特别欣赏。这种类型的人纯真，总是以善良的心态来看待大千世界。他们感性、善良，对各种小动物和花花草草都充满了热爱。这种类型的人缺乏安全感，需要有掌控感。对于自己不能掌控或者感觉不安全的事情，他们是不会贸然去做的，他们喜欢熟悉、稳定的环境。这种类型的人有很强的适应能力，像是蒲公英的种子，飞到哪儿都可以安家，但不会经常东奔西走，熟悉的地方更能给他们安全感。他们不喜欢与人计较，他们能默默地付出，尽量做到最好，但一定要有人重视他们，因为他们有很强的自尊心，最讨厌被轻视。

（2）参加集会或在公众场合时注重自己的形象，但是在自己熟悉的人的面前不会过于注重自己的形象

FBI认为，这种类型的人心地善良，有热心肠，富有同情心，处事力求公平、公正。他们在生活中随和、顺从、温柔、优雅，喜欢快乐、尽情地享受每一天，希望爱人和朋友能够对自己忠贞不渝。即便他们是男性，也能在自己身上发现这些难能可贵的品质。他们品行正直，待人热情，身上闪耀着优秀人格魅力的光芒。

优雅多彩地过一生是他们生活的最大宗旨。为了留给别人美好的印象，他们凡事都采取中庸的立场，不喜欢和人争辩。面临问题时，他们通常都不会立即做出回答，他们会尽量让自己的天平维持在最好的角度。最吸引异性的就是他们的机智和聪颖，他们深知如何在平稳的关系中加入一点点不稳定的因素，使得恋情总是处在甜蜜如初的状态。由于他们无法忍受孤独，因此经常徘徊在边缘地带，也常是三角恋或多角恋中的角色，因为他们永远在衡量和选择。

他们的工作能力不错，但是做事缺乏积极主动性，总给人散漫的感觉。所以，找一份自己有兴趣的工作很重要。他们喜爱美，注重公正，这在选择职业的时候也作出明显的倾斜。劳力型的工作不适合他们，他们也会因工作的单调乏味而不停地变换，无法安定下来。

如果勤劳是成功的秘诀的话，那么这种类型的人难与成功结缘。但是他们善于运用高超、灵活的社交手腕，目光敏锐地搜集信息，并有异于世俗的审美观，这有助于弥补他们天性散漫的不足，使他们迈向成功之路。此外，他们不适合独处，更不适合独挑大梁，所以他们可以找和很多人一起工作的职业，可以在团队中发扬良好的互助合作精神。

(3)不修边幅，不注意自己形象的人

这样的人往往会给人很懒散的印象。其实他们的内心世界并不像外表那么柔弱，一旦确定目标，欲望就会变得异常强烈，只是由于内心犹豫不定、优柔寡断，才会导致外表懒散。这样的人在对某件事采取行动之前，经常会表现得毫不在意，但是一旦下定决心，就会一鼓作气，锐意进取，故而多半都会获得成功，得到他们想要的。对和自己无关的事，这样的人都能给予公平、客观的判断。然而但凡碰上自身的问题，他们的天平就会左右摇摆，难以作出抉择，甚至心情恶劣，恼羞成怒。这样的人在处理问题时会显得没有主见，那是因为他们能够预先了解到可能面临的困难，只是该从哪一点着手会让他们犹豫不决。他们有强烈的正义感，并且会想方设法助弱者一臂之力，让公道得以伸张。他们灵敏的直觉，偶尔也能发挥一定的作用，帮助他们处理很多事情。这样的人意志力薄弱，做事会犹豫不决，没有主见，很容易受别人的影响，所以应该多加强决断力的培养。

他们需要生活在一种忙碌的状态中，喜欢自己亲手去做一些东

西，喜欢改善自己的工作环境和生活环境，他们的脑袋里总是有着很新奇的想法。而闲散的生活会使他们丧失生机和活力。他们不接受失败，如果遭遇到了挫折，便会从头开始，由于他们有坚韧不拔的精神，所以重新获得成功也是指日可待的事。他们喜爱权势，思想比较独立，在他们的生活中，钱是不能缺少的，但是它却不能束缚自己的手脚。他们对于在工作或生活中给予过自己帮助的人，会一直念念不忘，一旦有机会便会给予回报。他们善于抓住对自己有利的时机。如果在他们选定了自己要走的路的同时，时机到来了，那么任何力量都无法阻挡他们前进的脚步，并且会经受住各种困难的考验。他们会在别人失败的地方，建立起自己的成功业绩。他们会利用自己的魅力和感召力去达到自己的目的。

通过观察，FBI发现，他们在人生态度上会产生两种极端的表现：一是他们充分地享受着伴侣给自己的优越的物质生活；还有一种可能，就是对世俗的成功道路毫无兴趣，而是在自己人生信念的指导下，去开辟出另外一条路。他们眼光很犀利，能够洞察一切，但是他们做事却不会进行仔细的推敲、斟酌，因为他们的第六感很准，所以很多事都是凭直觉去做。这种人非常有毅力，只要心中定下一个目标，便会坚持不懈地朝着既定目标前进。但是他们会经常以自我为中心，别人提出的意见或是建议他们根本听不进去。这样的性格非常容易树敌，应该学会宽容别人，学会接纳别人的想法和观点。他们比较大胆，喜欢创新，有独断专行的倾向，个性高傲，行为冲动。他们很健谈，外交能力也很强，如果他觉得你值得交往，便会对你完全信赖，并会凭借自己敏锐的第六感，完全掌控你的心思。

6

能破解心理
密码的益智游戏

益智游戏是人们在工作以外经常接触的。美国心理学家通过实验证实了经常玩益智游戏的人要比不玩或很少玩的人智商高。FBI通过苦心研究发现，经常玩益智游戏可以使一个人变得更加聪明和智慧。在FBI实际办案过程中，他们发现，益智游戏不仅能够锻炼一个人的智慧，还可以真实地表露出这些人的个性和心理。

（1）喜欢玩骨牌的人

这样的人在其成长过程中，对身边所有的事都充满好奇心，他们在做每件事的时候，都在充分地享受这个过程带来的乐趣，并不在意结果如何。他们天生就具备国际性视野，对异国文化很感兴趣，总是梦想着能到一个不知名的地方去看看，最好能够环游世界、四海为家，感受各种不同文化。他们生性乐观，有时候甚至盲目乐观，所以他们从错误中受到教训的次数要比别人多一些。这样的人对各种范畴的书籍都很感兴趣，喜欢探索自己不了解的领域。

FBI认为，这样的人是人群中的开心果，跟谁都能打成一片。开放、热情的性格是他们最大的魅力。这种性格表现在工作上，就是具有冒险心，他们会督促自己达成各种高度的目标，并从中获得无上的满足。这样的人头脑冷静、思维敏捷、个性直爽，也有立刻付诸实践的行动力，讨厌做事拖泥带水的人。他们对所有事都秉持乐观的态度，是个乐观主义者。此外，正确的价值观和正直的信念是他们待人处世的一贯原则。虽然他们对人生充满信心，但是由于太过理想化，也惹来不少非议。

慷慨大方的个性，使他们结交了很多朋友。生性乐观、幽默感十足的他们所在之处必定会充满欢声笑语，但是，遇到无法解决或是难以掌控的事件时，他们就会立刻表现得很冲动，没有耐心，长此以往，可能会变成性情急躁的人，让人难以接近。他们非常重视道德观念，要求自己待人诚恳，当然，也会有做不到的时候。他们发现要想对身边的人完全诚实，是件非常难办到的事情。所以在迫不得已的情况下，也会说些善意的谎言。但是，他们善良、真诚的态度，也总能使周围的人不计前嫌、原谅他们。

(2)以破解魔方为乐的人

FBI认为，这些人大都坚韧不拔，总会让人产生肃然起敬的感觉。他们有极强的忍耐力，对于那些一般人可能早就放弃的工作，他们总是会欣然接受并默默完成，绝对是那种少说话、多做事的实干家。在表达自己的意见时，他们一向都很坚持，可能表面上看不出来，但是他们会以实际行动来证明这份坚持。他们在做任何事之前都会再三斟酌，凡事三思而后行。他们不会因为情绪冲动而做了某件事，以后又后悔不已。这样的人所取得的成就，都是真枪实弹地干出来的，他们不会投机取巧，而是踏踏实实、一步一个脚印。这样的人无论是在工作中还是生活上，都能给自己设定一个目标，按着自己的计划最终实现这个目标。

这样的人大都走在时尚的前沿，他们思想新潮，喜欢接受一些比较个性的东西，不会随波逐流，永远保持着自己独特的个性。但是他们内心比较保守，很多传统观念在他们的头脑里根深蒂固，尤其在感情上，不会随意乱来。工作上遭遇的困难或是失败对他们并不算什么，对向来就很能吃苦耐劳的他们来说，努力达成目标才是他们的目的。即便是正处在小职员的位置上，这样的人也会时刻作好向上爬的准备。有时他们为了达到自己的既定目标，会不惜牺牲某些利益，即使这种牺牲只能为他们赢得很小的成功，甚至在别人看来有些不值，他们也会照做不误。因此这样的人，最后通常都能获得很高的成就。

他们具有做事认真踏实、一丝不苟、严谨无比的特质。在事业上，他们年轻的时候可能要辛苦一些，不过随着年纪增长，他们的事业会越来越好。他们有旺盛的精力和雄心壮志，有优越的组织能力与耐性，然而最令人瞩目的是他们有超强的自我控制能力，这是成功的必备条件。他们的成功并非一朝一夕之功，他们善于设立目标，不管困难多大，都会坚持完成计划。他们追求的方式趋于专业化，但是往往由于过于认真严肃，在年轻时常常会产生悲观、厌世的负面想法。工作是他们的宿命，不管他们的生命里发生了什么，最后都将回归工作，在这个领域里奋斗、成长。

由于这样的人一直追求高难度的理想，所以他们充满斗志，认为人生非常有意义。这样的人都有着强烈的责任感，但是对生活要求过于严格，将会使自己不堪重负，最终导致情绪低落，所以他们应该适当地调剂一下生活。他们是极端的现实主义者，就连做梦也离不开现实。这样的人从来都不会盲目地追随二流理想，他们时刻都清醒地知道自己在做什么。他们不允许自己的想法与别人雷同，如果不幸有相似之处，他们发誓一定要再想出一个无人能及、独一无二的点子。有进取心的他们，凡事都从一点一滴做起，为了实现自己的理想而勤奋努力，这常常令周边的人赞叹不已。无论他们面临的环境有多恶劣，他们始终都会坚持不懈。他们取得成功的法宝就是坚持到最后一秒。

FBI通过仔细观察发现，这样的人最吸引人的地方就是具有超强的忍耐力和不屈不挠的精神，有责任感，但是比较保守，厌恶不诚实的行为，有正义感，对自己要求严格，所以在周围的人的眼中有很高的威望。但是由于他们为人比较死板，缺乏灵活性，所以很容易被周围的人疏远，只有在性情中多些随和，才能走向成功。这样的人个性比较保守、固执，对很琐碎的事情也不会掉以轻心。他们心地善良，对于有悖社会道德的事情不会袖手旁观，有很强的正义感。这样的人为人真诚，比较情绪化，喜怒哀乐全都写在脸上，不会隐藏。他们自尊心很强，有些时候会以自我为中心，让别人很难理解。他们有强烈的好奇心，比较独立，面对危机比较镇定，不会慌乱得手足无措，这也是他们走向成功的必备条件。

(3)喜欢玩塔防游戏的人

这些人是创新主义者，他们的头脑中不断冒出层出不穷的新念头，突如其来的敏锐直觉，让他们可以预知未来。这样的人具有超强的适应能力，因此他们无论身处何种环境，总能给人一种随和、亲切的印象，所以人缘很好。这样的人总是坚持自己的信念，即使因此显得格格不入，也仍然不会屈从于大多数人的意见，而是尽情享受孤独的自由。但是人是生活在团体中的，他们的这种特性，使他们在交友方面，经常会面对自我和他人相冲突的情况。他们喜欢生活在没有压力的环境中，他们大多数时候根本不在乎别人的看法。他们认为和恋人之间的相处应该若即若离，他们的生命从来不会被爱情完全占据。他们渴望自由并极其讨厌被束缚。

这样的人都比较重感情，尤其在乎朋友之间的情义。他们的人际关系很好，这是因为他们在与人相处时，总是站在对方的立场考虑问题，想尽办法要让别人感到快乐。

虽然他们内心寒冷如冰，忍耐力强，但是他们喜欢一切新奇的东西，并能够接受新事物。有着很好的观察能力和理论分析能力，能够成为科学家、发明家。他们富有正义感，有明确的人生态度，不会为了达到目的而不择手段。这样的人喜欢孤独，但是他们的性格中还隐藏着保守的一面。任何人都不能轻易改变他们的看法或观点，而且他们极为讨厌与别人发生争执，即使不可避免地要和别人发生冲突时，他们也不会在意别人的看法，而是选择按照自己的意愿去做某件事情。

FBI认为，他们是矛盾的结合体，亲切、友善，可有时又显得十分冷漠，捉摸不透；说他富有同情心吧，可他却总是有意地和人保持距离。这样的人是理想主义者，又有正义感，因此他们对于改革事业、反战运动和慈善活动等都比较热衷。他们对革命运动有着高度的热忱，但是由于强烈的自我观念，使得他们从不愿意主动地承认错误。这样的人有很强的人人平等的意识，痛恨以权压人，生平最讨厌的就是欺负弱者的人，但凡遇到这种情况，他们就一定会打抱不平。这样的人对物质的欲望很小，比较重视精神生活。丝毫不愿意受到感情上的束缚。面对棘手的问题能够冷静、客观地处理，善于思考，有很强的逻辑能力。

他们非常富有开拓精神，头脑中经常会闪现出稀奇古怪的念头。他们个性强，向往美好的爱情，但又不愿意受到感情的束缚。这样的人喜欢读书、旅行，这样可以开阔他们的视野，提升他们的思想境界。他们不能忍受任何约束，也不会服从任何纪律。如果这样的人对某件事充满兴趣，他们将会为之付出一切努力，甚至会产生一种让周围的人感到变态的心理。

这样的人十分重视友谊，不能离开朋友。在遇到困难的时候，会得到众多亲朋好友的帮助，而他们自己也会不惜一切代价地帮助那些需要帮助的人。这样的人人缘很好，但是，有时过于大大咧咧，不能及时对周围人的情绪做出恰当的反应。有时他们还会表现得很自恋，觉得世界似乎是为他而存在的，因而总会把别人对他的顺从视为理所当然。他们对钱财看得并不是很重，不管贫穷还是富贵，对他们而言都是无所谓的事情。如果让这样的人去随心所欲地思考和创造，他们卓越的才能将会充分发挥。

7
FBI教你从交谈过程中
挖掘出内在的含义

交谈是人们的一种本能行为，每时每刻都在发生。交谈是人们之间相互了解的一种方式，也是连接人们的纽带。人们在交谈的时候，往往只会注意对方说了什么，而没有或者很少去了解他们是如何表达的。FBI认为，交谈是人们经常做的一种行为，只要认真去听就能够从中找到一些内在的信息。

FBI这样说道："与人交谈的过程虽然非常简单，但是每个人在社会中所扮演的角色不一样，在交谈过程中的措辞也会有所差别。很难想象一个国家的总统在公众面前的话语会和普通民众的话语一样，普通民众可以讲的话总统未必去讲。从他们的话语中可以分析出他们内心深处真实的想法。当听到普通民众整天把就业问题挂在嘴边的时候，他们可能遭遇了失业的困扰，内心深处也希望政府能够出台鼓励就业的措施；当总统慷慨激昂地发表全国电视演说的时候，他可能想下力度来挽救衰退的经济，他的内心也希望尽快出台一些挽救经济的政策。"

在实际生活中，每个人的交谈方式都不一样。FBI总结出了以下几种交谈方式。

（1）喜欢把"我"挂在嘴边的人

FBI认为这种人是典型的以自我为中心的一类人。他们在与别人谈话的过程中，不会考虑别人说话的内容，更不愿意耐心听完别人的谈话。在他们的谈话过程中，经常会出现"我"，"这件事我不会去考虑"、"我喜欢的动物是猴子"等诸如此类的话，他们过分地以自我为中心，想让自己成为人们关注的焦点。在谈话过程中，他们经常会打断别人的谈话，在别人看来他们的这种行为是不礼貌的，也是没有修养的一种表现。FBI对一名盗窃分子调查的时候，进行了以下一段对话：

"请问你的姓名？"

"我叫路易斯·安雷。"

"你的家庭住址？"

"新泽西州邓肯大街388号15栋118室。"

"11月12日晚上七点你都去过哪里？"

"哦，上帝，我哪里也没有去，我什么都不知道。"

"请你说说你到底去了哪里？"

"我不知道，我真的什么都不知道。"这名盗窃分子继续说。

"我已经告诉你们了，我什么都不知道，请你们尽快释放我，并把我送回家。再说，我怎么会是个盗窃分子呢？请你们搞清楚以后再来讯问我。如果给我造成伤害的话，我将会采取法律手段来维护我的权益。"FBI经过认真调查得知，这名盗取分子就是他们要找的人，虽然他百般为自己开脱，但是FBI从他的谈话中还是找到了蛛丝马迹。

(2)谈话时声音低的人

这种人在与别人谈话的过程中，交谈声音非常低，很多人都听不清他们在说些什么。FBI从心理学的角度对他们的性格进行了分析，这些人一般都是一些性格内向、不善表达的人。他们在交谈过程中，声音压得非常低，也不正视对方的眼睛，而是把目光转向别处。他们的这种交谈方式与成长经历有着非常紧密的关系。这些人在与别人交谈的过程中，始终提高不了声音，他们内心深处总是感觉自己低人一等，没有任何自信可言。

（3）交谈声音非常大，且节奏非常快的人

经常会听到一些人与别人交谈的时候，声音非常大，大到从很远处就可以听到他的声音。FBI认为这样的人一般是性格外向、表现欲强烈的人。这种人与别人交谈时最显著的特征就是会把声音放大，而且讲话速度非常快，别人说话的速度一般不容易跟上他们的节拍。FBI对这些人进行过分析与研究，这些人中很大一部分都是表达能力非常强的人，其中以演说家、谈判专家和销售员居多。在他们的意识中，他们的嘴是上帝赋予的，要充分发挥它的价值。他们一直认为，在与别人交谈的时候，不仅要大声说出自己的想法，还要持续不断地说，这样才能让别人听明白自己谈话的含义。研究表明，这样的人说话非常有感染力，在一些大的场合中可以发挥意想不到的效果。联邦警察结合发生在身边的案例，讲述了这样一件事情：

FBI总部每年都会选派一些表达能力强、辩论能力出众的人才到法国参加国际性犯罪心理研究的辩论会。被选派的FBI人员都是一些表达能力非常强、逻辑思维反应快的人。辩论开始了，围绕的话题是在国际环境越来越复杂的情况下，如何有效预防和发现犯罪活动。首先发表意见的是一位希腊辩论者，他认为，要制定一套严厉的打击措施，使犯罪分子没有胆量去触动这个底线，犯罪活动自然也就会得到有效控制。他还认为，在打击犯罪分子时一定不要手软，从而使犯罪分子在犯罪的时候要首先考虑到犯罪成本，这样的话就能够杜绝犯罪。还没等这名希腊辩论者说完，FBI就表达了自己的意见，他说："对罪犯实行严厉打击固然重要，但是您忽略了一个问题，这个问题

就是您根本没有弄清楚犯罪分子的犯罪动机是什么，如果您没有真正弄清楚犯罪动机的话，那么只能做到一时减少犯罪发生的概率，而这种情况不能持续下去。所以当务之急就是从心理学角度出发，对犯罪分子的犯罪心理进行研究，并找出他们犯罪背后真正的动机，对他们进行有针对性的分析。多年的研究和分析表明，犯罪分子的动机无非就是工作或者生活上遭遇了困难。所以要从这点出发，为他们创造一个良好的工作与生活环境，他们没有后顾之忧，便可以放弃犯罪，这才是从根本上有效预防犯罪的方法。"FBI讲完以后，博得了台下热烈的掌声。FBI通过这样有感染力的讲话打动了其他人。

（4）喜欢咬文嚼字的人

这样的人与别人交谈的过程中，为了显示自己深厚的内涵与修养，往往会借用名人或者伟人的话语，他们经常会用典故或名人名言作为和别人交谈的内容。也许在别人看来，这样的人有着非常高的文化修养，也是有深刻内涵的人。可是FBI却对此表达了不同意见。他们认为，这样的人无非是为了掩饰内心的空虚，他们多半是一些没有文化内涵、喜欢炫耀、缺少自信的人，他们这样做的目的就是要掩饰自身的缺点，生怕别人看不起自己。这样的人向人们传递了一个信号：我是博学多才的，我的阅历也是丰富多彩的，任何人都不要藐视我。这些人在与别人的交谈过程中伪装得非常成功，普通人都会被他们蒙混过关，但是一旦真相被揭开的话，他们的处境会非常尴尬。

美国亚利桑那州接连发生了多起诈骗事件，而事件的嫌疑人是一名据称是字画界权威的英国人。据受害人反映，这个所谓的字画界的权威人士，一共从他们手中骗取了价值100万美元的字画。FBI接到报案后对这名所谓的权威人士进行了调查审讯。开始的审问进行得不是很顺利。这名犯罪分子似乎有备而来，面对FBI的审讯表现出非常冷静的态度，并坚决否定了诈骗行为。FBI和这名犯罪分子进行了对话，对话的内容就是关于字画的常识与其他一些专业性很强的知识。当FBI问及到这些问题的时候，这名所谓的字画界的权威人士对答如流，丝毫没有看出有什么异常。FBI感到非常棘手。于是他们请来了一位专门研究犯罪心理学的前辈，想通过他来揭开案件背后的故事。这位经验丰富的FBI拿出一张著名画家的油画，对这名犯罪分子说道："请您告诉我这幅画是真迹还是赝品？"说完便把油画递给了这名犯罪分子。这名犯罪分子把油画拿到手以后，装出一副专家的模样，边点头边说道："以我多年来对字画的研究来看，这幅油画的绘画风格正是作者所要表达出来的感受，所以我判断这幅画肯定是真迹。"

FBI从对他的测试中就已经知道了这名犯罪分子在说谎。因为这名经验丰富的FBI拿的这幅画是赝品。这幅画出于名家之手，很多人对这幅画都有很深的研究，而这名自称是字画界权威人士的人却没有分辨出这幅画的真伪，实在不能取信于人。在接下来的审讯中，这位自称是字画界权威人士的犯罪分子又接连出现了一些破绽，FBI断定他肯定在说谎，他一定与这桩诈骗案件有关。果不其然，自称是字画界权威人士的犯罪分子在事实和证据面前终于交代了自己的犯罪过程。

FBI通过对交谈更深层次的挖掘发现，分析谈话人的地位与内心世界的变化情况，出现了一个非常有意思的现象。这个现象就是谈话人通过改变自身来迎合某个人的谈话。

简单来说，当社会地位低的人与社会地位高的人在一起交谈的时候，社会地位低的人会有意调整自己的谈话方式和谈话音量，他们的目的就是要迎合社会地位高的人。这样的方式被FBI称为"迎合与效仿"。FBI认为，人们在与其他人谈话的过程中，如果遇到地位或成就比自己高的人，一般会作出让步，这种让步最直接的表现就是迎合和效仿对方说话的语气和方式，这也是讨好别人的一种表现。为了验证这一点，FBI做过一个测试：

他们让官职和荣誉不同的两个人去参加采访活动。记者知道两个人的身份后，便出现了两种不同的采访态度。当采访到官职和荣誉低的人的时候，这名记者的语速非常快，对这个人采访的内容也非常有限，可以看出这个记者并没有对这个人进行有效地交谈；可是当记者面对官职和荣誉高的人的时候，记者会主动对他进行采访，在采访过程中语速明显放慢了很多，并按照这个官职和荣誉高的人的性格特征来对他进行采访。很明显，这是为了迎合他。

FBI认为，在与人交谈的过程中，一个不经意的谈话内容的背后可能就蕴藏了一个谎言，识破谎言最有效的办法就是从谈话者的话语出发，紧紧抓住他们谈话过程中表现出来的一些蛛丝马迹，这样的方法胜过漫无目的的追查。说谎者最显著的特性就是无法说出事情的具体经过，当被问及到事情具体情节的时候，这些人会表现出支支吾吾、前言不搭后语的情况，有时候同样一个问题用不同的方式问，会有几种不同的答案。FBI还发现，说谎者内心都有一种恐惧的心理，当向他们反复发问的时候，他们的情绪波动非常大。之前还假装配合FBI的讯问，可是转眼间他们的脸上就布满了阴云，并开始无理取闹。此时说谎者通常会说："别再问我了，我什么都不知道。""我有权力拒绝回答你们的问题。"等诸如此类的话。而在这个过程中，说谎者说话的音调也会跟着提高起来，有些人甚至大喊大叫。这些信号的背后就是他们伪装得非常深的谎言。由此可见，FBI就是通过这些方式，从交谈过程中挖掘出一个人内心世界的真实想法与感受的。

揭开庐山真面目
——笔迹传递出来的性格特征

1998年美国洛杉矶发生了一起支票诈骗案，犯罪嫌疑人通过伪造笔迹的方式获取了高达三亿美元的巨额钱款，而这些钱款和这名犯罪嫌疑人也消失在人们的视野中。究竟巨额钱款和犯罪嫌疑人去了哪里？带着这样的疑问，FBI对钱款和犯罪嫌疑人展开了调查。调查是充满挑战性的，由于犯罪嫌疑人没有留下任何体貌特征，所以调查起来非常困难。但是FBI还是向总部立下了军令状，把破案时间控制在一个月内。FBI首先到美国各大银行开始调查支票单据，想从中得到有价值的信息，可他们并没有找到有价值的信息。但是FBI并没有失去信心，认为一定能够找到犯罪嫌疑人。时间在一天天地过去，离规定的破案天数还有一周的时间。这天FBI像往常一样蹲守在银行观察来往于这里人们，忽然一位头顶黑色帽子、眼戴蓝色墨镜、身穿深色大衣的男子进入到FBI的视野中，FBI观察到这名黑衣男子行色匆匆，他迅速地走到银行柜台前办理取款业务。当银行业务员要求他在取款人处签名的时候，这名黑衣男子拿起笔慌乱地签上名字，FBI发现了这名黑衣男子在签字的时候手在发抖，他用左手按住发抖的右手，并且笔迹非常潦草，丝毫不能辨别出这个人的身份。这些信息引起了

FBI的注意，于是他们紧随这名黑衣男子对其进行调查。

当他们跟随这名黑衣男子进入到一家珠宝店后，这名黑衣男子把刚才从银行取来的钱全部用来买价格昂贵的珠宝首饰，在签单的时候，他的笔迹仍然潦草，FBI判断这名黑衣男子一定和支票诈骗案件存在一定的关联。当FBI把这名黑衣男子带回去审讯的时候，他表现得非常镇定也矢口否认了诈骗支票的事情。FBI拿出笔和纸让他写下自己的名字。黑衣男子没有料想到FBI会让他写自己的名字，他愣了一下后马上在纸上一笔一划地写出了自己的名字，可是在写的过程中由于内心的恐惧他的手还是微微颤抖。在FBI进一步的审讯中，这名黑衣男子的心理防线被攻破，他承认了自己就是震惊美国支票诈骗案的主犯。

FBI就是通过对笔迹的洞察成功地破获了支票诈骗案，由此可以看出笔迹确实可以传递出一个人内心世界的变化情况。FBI总结出不同笔迹传递出来的不同性格特征：

（1）笔迹豪放，并且字迹工整的人

这样的人的心里蕴藏了无限的创作天赋与灵感，他们通过这些天赋能很快实现自己的理想，如果他们投身于科研行业，那么一定会成为有所建树的科学家，虽然在科研的过程中会遭遇一些挫折，但这并不影响他们进取的决心，他们会为了自己的事业献身一切。这样的人有一种孩子般纯真的理想和欲望，当他们对一种新奇事物发生兴趣的时候，他们会尽可能地了解这些新奇事物。他们在了解这些新奇事物的时候不会盲目追求，而是选择那些有意义的去追求。这样的人为了自己的事业可以做到鞠躬尽瘁，他们平常苦心经营着自己的事业，但工作之外还能在家庭中尽到自己该尽的义务。这样的人是有责任心的人，也是踏实务实的人。这种性格铸就了他们永远不会对某件事情钻牛角尖，更不会踏入歧途。他们对艺术的追求与生俱来，但他们的思

维方式比较保守，那些社会上的非主流文化是他们所不能接受的，这样的人非常懂礼貌，虽然他们对那些非主流文化表现出不认可的态度，但是他们会用沉默的方式来表达自己对这些文化的看法。

（2）笔迹占据的位置非常小，但是字体却非常有力

这些人具有很大的容忍度，但他们的容忍也是有限度的，超出他们能容忍的限度时，他们会爆发出内心的狂躁情绪。但这种情况很少会出现。他们一直都会表现出很理性的头脑，大多数情况下当他们遭遇到冲突的时候，都会选择用容忍的方式来解决，在朋友们看来，他们的这种性格似乎有些懦弱，但他们却对朋友的话不以为意，继续保持容忍的态度。

FBI认为，他们看似柔弱的外表背后其实拥有强大的内心。他们认为，容忍的态度是成为领袖所必备的素质，如果在追求成功的过程中失去了容忍的态度，那么过不了多久，就会因为不能容忍而失去了成功的机会。

（3）笔迹追求创新，但是字体无力的人

FBI认为这种人满脑子却是一些奇思妙想。他们总会用自己的想法来处理事情。他们在工作中能忍受各种规章制度，并能很快适应这些制度。他们觉得越是艰苦的工作环境越能激励人奋发图强，于是他们总是能够把艰苦的工作环境看做自己的工作动力，使自己在这些艰苦的工作环境中取得好成绩。他们一直把艰苦的工作环境当做磨练自己的动力，此时他们在等待时间，等磨练好以后，才能为以后的发展打下良好的基础。而成功对于他们来说是遥遥无期的，因为这种人不是一个积极处理事情的人。

（4）字迹非常工整，严格按照书写标准写字

他们拘谨慎重，不善于和别人开玩笑。这样的人做事非常小心谨慎，在追求事业或财富的道路上总是保持一种非常谨慎的态度，并把这种态度保持在生活中。这样的人个性率直，喜欢把每件事情都做好，但是当他们去做某一件事情的时候，会没有耐心，一会儿去做这件事情，一会儿又去做那件事情，最终一件事情也没有做好。他们在做事情的时候总是没有耐心，导致他们没能很好地完成任何事情。这样的人头脑非常灵活，具有快速解决问题的能力，当发生一件事情的时候，他们在第一时间内就能分析出其中的问题所在，并采取相应的解决方法来解决，这也是这样的人走向成功必不可少的特性。这样的人通常会白手起家，他们无需别人的帮助也能快速致富，因为他们聪明的头脑能解决这些问题。他们不轻易放弃，也不会轻易地拒绝别人的要求，他们不轻易被失败打倒。在追求成功的道路上，他们会勇敢地往前走，满怀信心地大踏步前进。

（5）笔画分明，字与字之间的间隔非常小的人

在这些人心目中，世界是美好的，没有邪恶。他们认为世界是和平的也相信人性的善良，在他们看来，世间一切事物都具有某种特殊的联系，这些联系内在的本质都是具有善良与朴实。但是这些人有的时候会出现错误的判断，他们会把那些内心邪恶的人当成是心地善良的人。由于这些人生性善良，无法正确地区分出好人与坏人，所以，吃亏的往往是他们。这些人对艺术的追求是无止境的，他们会穿上在常人眼中看似怪异的服饰，而这些服饰只是他们追求艺术的表现形式，他们不会感到害羞和紧张，因为他们会为了自己追求艺术而不顾一切。他们也是对生活品质追求很高的人。他们不奢求豪华的家具，但他们更看重的是简约的生活理念。在他们看来，简约是他们最崇尚的一种生活态度，这种态度能促进他们的发展。

（6）非常喜欢用个性的艺术字来代表自己的笔迹

这些人写出的字非常漂亮，也非常有艺术性，现实中的他们一般都有着楚楚动人的外表，他们这种迷人的特质能得到其他人的爱戴，也更加容易和人交朋友。他们非常喜欢打扮自己，但他们不会把自己打扮得很妖艳，他们更倾向于清淡的妆。他们非常喜欢唠叨，但这些唠叨只是对他们熟悉的人，他们也非常喜欢和朋友们开玩笑，在公共场所他们也会大声地和朋友们喧闹。

精力非常旺盛的他们有很强的上进心，都希望通过自己的努力实现理想。他们对贫穷保持一种厌恶的态度，但他们还是努力使自己能尽快融入到这种环境中。他们的言行举止都是以自我为中心，他们和别人交流的时候会不顾一切地打断别人的讲话，虽然他们这种行为其他人不容易接受，但这并不影响他们与人交往。他们非常有爱心，即使是自己利益受到损害的时候，他们还是会尽力帮助别人。他们讨厌失败，会尽量把失败带来的损失降到最小。

FBI的说服攻心术：
如何掌握对话的主动权

　　FBI认为，掌握说服别人的攻心术不仅可以让自己处于优势地位，还可以从心理上有目的地瓦解对方的心理防线，可以快速解读一个人内心世界的变化情况以及对事态发展情况有一定的了解。一个人通过语言可以很好地吸引其他人的注意，他们有着丰富的社会生活经验和与众不同的想法，并通过自身良好口才有效地将其表达出来。而在现实生活中，一些人的想法虽然很新颖，但是他们没有用生动的语言来表达出内心的想法，导致他们无法博得别人的欣赏，更无法抓住对话的主动权。如何掌握话语的主动权是FBI工作人员在实际办案过程中研究的问题，那么FBI在社会中是如何运用攻心术掌握对话主动权的呢？

通过"连珠炮式的提问"
占据话语的主动权

　　FBI多年的实践经验告诉人们，通过连珠炮式的提问可以很好地掌握话语的主动权。FBI认为，人们如果想在社交中与人交谈时占据主动权，就应该事前作好相应的准备，并向对方接连提出一些令对方感到猝不及防的问题，这样对方会由于被这种连珠炮式的提问所困而回答不出这些问题，这样就占据了话语的主动权。

　　在社会中每个人所表现出来的性格特征存在一定的差异，有些人生性活泼爽朗、伶俐乖巧，在朋友中非常有人缘，同时很珍视与家人的亲情和朋友间的友谊，并对之深深地依恋。他们善于与别人交际，也喜欢三五好友聚在一起的气氛，因而他们往往既是聚会的积极参与者又是活动的组织者。在聚会中，这些人总能以自己的机智聪颖想出很多有趣的点子，让聚会的气氛非常活跃，让参与活动的人都非常开心。但也有些人表面上看起来是很沉默寡言的，而实际上他们却没有想象中那么安静——他们的内心同样很热情。这些人天生一副乐天派，而且意志坚强。无论身处多么险恶的环境，也不会意志消沉，依然可以谈笑风生。他们表面看起来似乎很脆弱，但内心却非常强大；他们有顽强的生存能力和灵活机智的应变能力，几乎在任何环境、岗位和场合，他们都能快速适应，并让自己反客为主；他们平时从不显山露水与咄咄逼人，只知道默默无闻、不屈不挠地埋头工作，但是，只要他们认准了目标便一定会想办法达成。

他们以自我为中心，喜欢自由，不服管束又喜欢挑剔，所以不适合做领导者，即使做了也不会让属下信服。这些人本性是善良的，但有时也不免会有利欲熏心、见利忘义的举动。但因为他们办事还算圆滑，所以还是很受别人欢迎的。他们直觉很敏锐，有觉察危险的能力。一旦他们觉察到危险的存在，就会离可能有危险的事物远远的，而且他们的直觉大都是准确的。他们通常表现为：机警灵活好奇心很强，喜欢冒一点小风险，对任何事情都想很快插上一手。奇怪的是，他们也都能巧妙地将这些事情处理好。这样的人在职场上有一个毛病就是喜欢说同事的坏话。他们往往会觉得跟这个同事关系较好，就凑到一起嘀咕另一个同事。岂不知"隔墙有耳"，"天下没有不透风的墙"，如果传到那个同事耳朵里，对同事之间和谐的关系是有很大影响的。所以，这样的人一定要克服这个毛病，管好自己的嘴。如果有话憋在肚子里难受，可以把职场上的牢骚带回家。虽然家人耳朵要受些苦，但总不至于对他的工作和职场生涯有影响。他们有相当明确的人生观，属于未雨绸缪的一类人。他们从一开始就会想办法储存更多的财富，所以这样的人在青年、中年时都在为老年时的幸福生活作准备。一方面说明他们的自制力很强，但另一方面也说明他们缺乏安全感，至少对未来没有十足的把握。

这样的人处世比较圆滑，一件事会花费心思做得面面俱到。加上他们爽朗乐观的性格，他们会有很多朋友，至少在很多情况下很多人把他们当做朋友，并以这个朋友为荣。但这样的人在心里是把朋友分为"三六九等"的。哪个朋友只需要表面敷衍，而哪些朋友是要把心掏出来真心对待的，他比谁都清楚。

　　针对这样的人，FBI不仅摸清了他们的性格特征，还通过采取连珠炮式的提问来占据话语的主动权。因为FBI认为，这样的人是喜欢提问题的人，一旦让他们占据了话语的主动权以后，他们会喋喋不休，像个蜜蜂一样说个不停，这在FBI看来非常麻烦，所以FBI为了预防让这些人占据话语的主动权，首先在他们毫无防备的情况下对他们进行连珠炮式的提问，以此占据话语的主动权。

　　FBI认为，连珠炮式的提问和蜜蜂飞行过程中抖动翅膀发出的声音有一定的相似性，都是趁对手在毫无警惕的状态下发出聒噪声而将对方击倒，从而使自己占据话语主动权。对方由于没有心理准备，所以在回答突如其来的问题时往往会表现得目瞪口呆、语无伦次，他们慌乱的回答恰恰中了对方的"计"，这是这种提问方式最好的效果。

　　在实际提问过程中，也会遇到这样的情况：当向一个人提问的时候，起初并没有把这个人问住，这个人对FBI的提问对答如流。遇到这样的情况，FBI说："假如对方能够对答如流，那就继续向他们发问，直到让他们哑口无言为止，最终，对方一定有回答不出问题的时候，而这就是掌握话语主动权的最好时机。"

　　当他们性子急躁时判断不准确；他们不喜欢规则，除非规则是他们自己定的。这样的人常常更换职业，改变工作环境。因为他们不喜欢受外力限制，也不喜欢停滞不动。大胆外向的他们非常讨厌那种说话拐弯抹角的人。一般人为了日常生活过得顺利、平安，有时不得不勉强迎合社会上的世故人情。不过，依这样的人的个性却很难做到这一点，即使对方是他的领导，只要他觉得对方有错误，便会毫不犹豫地提出批评。这样的人总是喜欢在宽敞的地方活动，故有较强的统治欲望，且性格鲁莽。而他们也有此个性，做事之前精心谋划，行动之时迅速果断。但是过于固执，常常许诺过别人的事情，就一定要做到。做事情能够坚持不懈，即使遇到困难也要坚持到底。他们虽很讲义气，但是也常常因此而显得不能够灵活变通。这样的人在年轻时的生活通常是放荡不羁的，有些人甚至在以后也改变不了。这也许是因为这样的人除了是乐天派，还不切实际，不怕危险。这样的人对不赞同的事情表示蔑视，常常嘲笑和痛骂被传统观念束缚着的社会。他们与生俱来就有威严的气质，具有领导才能，凡领导之职务都能够胜任，不会将很多事情积压起来等待以后去做。因为性格刚毅坚强，所以他们对困难毫不畏惧，凡事不完成就不会轻易放弃。

当他们被某一个人的接连发问难住的时候，这些人会表现出非常不耐烦的态度，在他们的意识中，别人根本不可能对自己发问，这样的人自尊心很强，常常我行我素，自视清高，恃才傲物，难以听人劝告，这有可能是造成他们失败的主要原因。但是他们失败的机会却很小，由此引起他人的嫉妒。这样的人一生事业有好有坏。如果能够得到朋友或伴侣的帮助，他们必定会有崭新的发展前途。他们言出必行，做事认真，意志坚强，有度量，有才华，聪明伶俐，善于发表己见。这样的人欲望比较强烈，为人骄傲，爱听漂亮话，易被诱惑，遭人欺骗。他们具有栖息旷野的习性，有独特的活力，性格勇猛，因此这样的人也有个性，做事以谨慎为营，动起来有活力。但是却有一旦话说出口，就不后悔的固执，也有事情不做完不会罢休的性格。不仅如此，他们也讲义气，有时会因义气而坚持己见，于是显得不够圆滑。他们深知，支持其生活的最大信念不是金钱，而是金钱以外的一些精神信仰。但是有的时候，当他们被别人连珠炮式的提问难住的时候，他们往往会低下头。

美国国内多位心理学家也通过研究表明：对一个人实施连珠炮式的提问是驳倒这个人的一种颇具成效的方法。这一点在律师身上体现得尤为突出。有些律师在对犯罪嫌疑人问话的过程中，当他们没有完全掌握足够的证据的时候，都会向犯罪嫌疑人问很多问题，目的就是让法官和其他辩护人从犯罪嫌疑人口中得到一些对犯罪嫌疑人有价值的信息，当犯罪嫌疑人张口结舌的时候正是律师所要的结果。

FBI结合实际办案经验告诉人们：有的时候向对方问一些自己已经弄清楚的问题可以打乱对方的思绪，使对方丧失继续周旋的决心。而在关乎到一个公司发展的商业谈判中，如果对手的谈判经验丰富，自己感觉非常没有自信的时候，不妨采用"连珠炮式提问"的方式来为自己解围。要想做到这一点，一定要紧紧抓住对方的破绽，然后以这个破绽为突破口对其进行连珠炮式的提问，使对方缓不过神儿来，使自己增强自信并夺回话语的主动权。

"矢口否认"不是好办法，
反而增添了疑虑

在现实社会中，有些人对他们所做的事情总是抱有一种极力否认的态度，通过这样顽强抗争的方式来表现出自己是无辜者。FBI却认为，越是矢口否认自己所做的事情，越是说明存在一些不可告人的秘密，因为这些人把矢口否认作为抗争的最后方式，想通过这样的方式蒙蔽别人，但是有经验的FBI却能够从中快速识破隐藏在背后的动机。

有这样一种人，不善与人争斗，而且谦虚礼让。做事小心谨慎，但又很机敏，而且人品较好，善良，乐于助人。虽然他们缺乏进取心，也会招来许多人的批评。他们表面上也许会对其他人的意见无动于衷，但却会暗自努力从而让这些传言都不攻自破。他们有一种"不翻脸开战"的技巧，常让人放松警惕，当他们专心致志做事的时候，很多对手都会落于他们身后了。

思想简单的他们对不利于自己的事十分厌烦。因为他们是比较羞怯的，他们对问题考虑透彻，拥有深刻思想，而且他们也总是这样要求别人。他们认为，人与人之间的友好关系很容易建立和维持，而且他们总是努力让自己成为一个讲文明、有礼貌的人。所以，他们不喜欢吵架和公开形式的敌对行为。开朗乐观的他们因在语言方面有较好天赋，故更加受人喜爱。但个性善变，相当保守，头脑冷静。不喜欢惊天动地的爱情生活。善应酬，为人和善，且风趣幽默，能够给周围的人带来快乐，有较好的人际关系。意志力坚强的他们在生活的道路上会遭遇坎坷，但是道路上的障碍却并不能阻止他们前进的步伐。他们完全有能力从人生或者家庭的灾难中恢复过来。也许很多人都会把他们捧得很高，但他们还是能够稳稳落地。他们一般与自己的家庭关系较为密切，而且总能尽最大努力给家里提供最好的帮助和支持。

他们虽然外表很柔和、很脆弱，但是他们的小心和精明就像盔甲般能够给予他们保护。在生活中，他们很少卷入冲突。因为他们厌烦争斗，只愿意过平静的生活。平日里，他们所做之事成败参半。因而工作很难有大的突破，即使接受一个新的工作，也达不到很好的效果。不过，这样的人往往有很多发展机会，而且有贵人相助，如能够抓住机会将有不错的发展。性格柔顺温和，但具有韧性，对于环境的适应能力很强。但其原则性不强，易受人影响，所谓"近朱者赤，近墨者黑"。处事比较被动和消极，好安逸，追求享乐，做事得过且过，不肯全力以赴，没有紧迫感。他们心胸广阔，颇有容人之量，而且聪明机巧，做事认真，是当领导的好材料。眼光独到，知才善用，善于培养人才。但这类人目光远大，而且支配欲较强，因而常常给他人一种骄傲自大的印象。因为他们为人慷慨大方，交际广泛，人际关系良好，因而会得到其他朋友的帮助。也正是由于这种天生乐观性格的存在，使其人缘极好。

从以上的叙述中可以看出很多人都认为这样的人是最深受人们喜欢的一种人，但是FBI却不这么认为。FBI认为，有些人虽然在很多方面都表现得非常优秀，但是他们在一些事情上却存在一定的错误行为。当牵涉到他们切身利益的时候，他们往往会表现出矢口否认的态度。FBI通过研究证明，在对待一件事情的时候，如果总是矢口否认，事情的进展情况不仅不会向着他们预期的那样发展下去，反而会让其他人产生怀疑，矢口否认次数越频繁，越会引起别人的怀疑，从而很难达到事情预期产生的效果，事态也会朝着相反的方向发展。

联邦警察列举了这样一个案例：

美国芝加哥大学发生了一起抢劫案，犯罪嫌疑人是该校一名物理学教授。FBI在对这位教授调查的过程中发现，这名教授的行为举止没有什么异常。此时FBI深入到大学中，在这名教授周围的同事与同学中间展开了调查，他的同事和同学都对这名教授有很好的印象，他们不敢相信这名教授会做出抢劫的事情来。FBI通过对这名教授的讯问发现，他表面上虽然表现得非常平静，但是当问及他关于抢劫案件的事情时，他总是摇头表示不知情，当FBI问这名教授在抢劫案件发生的当晚他在何地的时候，这名教授表现出烦躁的情绪，并大声说什么也不知道。虽然FBI没有从这名教授口中得到有关抢劫案的任何线索，但是教授这种矢口否认的态度还是增加了FBI对他的怀疑。这些怀疑包括：教授是在什么时间、什么地点作案的，他作案的动机和目的是什么等。FBI没有放松对教授的调查，功夫不负有心人，不到一个星期，FBI就找到了一位重要的目击证人，这名目击证人可以证明教授就是抢劫案的主犯，在证据面前，教授的矢口否认起不到任何作用，FBI就是通过细心观察，发现并找出教授在撒谎，最终使这名教授低下了头。

FBI认为，对事情矢口否认的人在小时候就不会挑重担，对于重要责任也不敢承担，即使是家中的老大也不能做到这一点。他们长大后常常不能担负起抚养兄弟姐妹的责任，而且比他们的兄弟姐妹在家庭中的表现更糟。他们太过热衷于权力和财富，会因为能力出众而很高傲。

　　高傲自大的他们非常直率，在小的时候就有远大理想，并对其他人也具有同样高的标准。他们做事非常积极，做人非常快乐，而且不喜欢死板之人。对于需要马上办的事情，他们会亲自去办，而不是拖延或者搪塞等待，以免延误时间。热情开朗的他们在公开的场合常是别人关注的焦点，别人的注意力会转向他们，按他们的思路办事。别人与他们交往，其本身所具有的热情也会被激发。但他们本人并不需要别人激励，因为他们自身就拥有很充沛的能量。内向沉稳的他们多过独身生活，但也较为快乐。因为他们的大部分生活都被工作和事业占据了。不过，总会有朋友或崇拜者来与他们做伴，为此，这样的人从来不会感到孤单和无助。此外，当他们心情忧郁时，自己会很快调整好心态，从而迎接未来的工作。聪明果断的他们，并没有人们想象中那样狡猾。他们会选择好时机运用自己的智谋。不论是讨价还价的谈判，还是真正的短兵相接，他们都能够凭借智慧取得胜利。但是他们常常被表象迷惑，对周围发生的密谋都无所察觉，更不能及时寻找到对策。慷慨大方的他们不喜欢浪费也不吝啬，从不关心他们的银行收支，除非他们凑巧与欠钱的实际结合在一起。他们要么就很早结婚，要么干脆独身。他们对周围的朋友和亲人都非常大方，从不会因为钱而变得小气。

　　这样的人有着善于沟通的本领，这一点也是他们的最大优点，这在很大程度上能够满足其语言方面的展现欲望，况且他们喜欢变化着的生活。由此来看，新闻传媒业是最适合他们的行业。此外，喜欢旅行和擅长交际的能力也使他们适合从事业务工作。同时，他们对教师一职也能充分胜任。因为他们最能迎合时代潮流，易于和学生打成一片，不易产生代沟问题。

　　这类人待人接物通常缺乏热情，所以知心朋友不多。才华出众，处事能力也很高，但不爱出风头。性格直爽、思想纯真，无害人之心，但情绪易波动，性格难以捉摸。志气过人，经常有很多建设性和创意性的念头，但一到把这些念头变为行动的时候，他们便左右为难，不知从何做起。因此，若要获得成功，务必要经过一番锻炼，按部就班，踏实做事方能成大器。他们适应力强、机智、敏捷，喜欢那种忙忙碌碌和变幻莫测的生活。

　　他们因为过于自信，自我意识过于强烈，故在公司里面表现较好，能够得到领导的赏识，也能够获得很好的机会。遇到困难或者领导的批评也能够坚持不懈地做事，从而最后能够获得肯定。但这样的人不善于和同事合作，因此虽受领导赏识，但和同事的关系却不是很好。所以，要学会放下架子和同事多沟通，这样既利于在公司建立良好的人际关系，同时又利于开展工作。

　　FBI认为，对人、对事总是抱有矢口否认态度的人不仅不会让别人相信他们，反而容易引起别人的怀疑，当别人的怀疑发展到一定程度的时候，就不再信任那些人了。

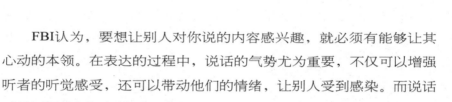

让对手感觉到
你无处不在的气势

FBI认为，要想让别人对你说的内容感兴趣，就必须有能够让其心动的本领。在表达的过程中，说话的气势尤为重要，不仅可以增强听者的听觉感受，还可以带动他们的情绪，让别人受到感染。而说话时候语调的抑扬顿挫以及声音洪亮，不仅可以增加说话者的信心，还可以使自己的气势得到提升。

由于每个人性格的差异，在说话时表现出来的气势也会大不一样。FBI通过长时间的观察发现，一个人在说话时表现出如下一些气势：

FBI认为可以从以下的这些信息来判断他们说话时的气势。

（1）说话软弱无力、语调低沉的人

这种人具有神秘感，让人很难猜透心思。有的人觉得这种人是阴险的，由于其难以把握而令人产生恐惧感。这个特别的品质象征着他们具有很强的再生能力，在每一场战斗后都能很快地恢复体力。人们大多数这样认为，在晴朗天气出生的他们比在阴雨天气出生的他们更为乐观，更容易得到满足。

沉默忧郁的他们做事完全依靠自己的判断，不会与其他人进行合作或者交流。从本性上讲，他们疑心大，对任何人都保持一定的距离。他们的秘密并不为人所知。他们有的有着很明确的宗教信仰，有的就是一个享乐主义者，但不管怎样，他们都相信自己的判断，不愿接受别人的意见。热情奔放的他们做任何事都要在很短时间里做完。大多数情况下，他们对金钱都十分大方，但当他们想要实现一个主要目的时，就会表现得非常无情无义，即使铲除挡路的好朋友也不会有什么愧疚感。意志坚强的他们处事不乱，能沉着地应付任何问题。他们有很强的责任感，而且有很强的目的性。远大的理想和坚强的意志力相结合使他们能达到事业的顶峰。

他们敏感多情，眼睛总是在不经意间寻找目标。但是他们并不一定在恋爱。因为他们对任何事都很敏感，在渴望做一笔非常有吸引力的生意时，眼睛里也会闪出同样的热情，这种感觉就像初恋时一样。他们通常过着不安定的、充满激情的和费心思的生活，特别是那些对名利较为热衷的人更是如此。

占有欲较强的他们在与其他人交往时的表现让人难以理解，因为其对别人的要求很高。他们不相信朋友对他们持有某种程度上的怀疑，同时，绝不会原谅毁约的人。在感到惊恐的事情上，他们会变得很妄想。当他们被激怒时，会表现得很愤怒，但他们的报复行动都是悄然进行的。

这种人天生喜欢思古怀远，再加上记忆力良好，他们对陈年旧事的细枝末节都能轻易想起，信手拈来，不费吹灰之力。此外，因其与水有着密不可分的关系，所以与海有关的工作也能胜任。他们往往能给人以安全感，配合与生俱来的卓越记忆力，不仅记得人的名字、面孔，也能清楚地了解到顾客的喜好，如果再加上其心思敏锐和伶俐的特质，则会使他们在商场上无往不胜。

他们具有智慧的头脑，比其他人想东西更快，观察东西也更清楚，社交能力强。极为活跃，行事不拘一格。性急，容易冲动，心直口快，是个积极的创造者，交友广泛，重信义，但是个性较主观，不喜欢听他人的劝告。对于爱情的感受是敏感而不稳定的，因此不愿意先付出感情。他们非常注重秩序，喜欢住在整齐且布置精美的环境中，喜欢将事物按序排好。在学术鉴赏方面具有天赋，通常富有创造力。常认为自己与众不同，他们喜欢结交所谓有重要地位的人，对卑微的人常常不屑一顾。

如果想在人际关系、工作、学业上制胜，FBI建议他们应该积极参加社会上的公益活动，并且与人沟通的时候要适当提高说话的速度和语调，有效的沟通对人生发展会有帮助，这样才能体现出自身的价值。

（2）说话速度快且语调强有力的人

这种类型的人自信果断、精力充沛，但有点急躁鲁莽。不过，这种类型的人总是有很远大的目标，而且有坚持不懈的精神。待人和气，理财方面的能力较强。这种类型的人不会墨守成规，能够做到一般人做不到的事情，并且最终大多是成功的。

这种类型的人喜欢智力锻炼及体育活动。他们反应迅速，能当机立断，他们容易动摇、少耐性的弱点很难让人忍受。这种类型的人喜欢凑热闹，对人慷慨，对未来十分乐观，认为没有办不好的事情。他们做事灵活，机敏灵巧，总能支配身边的人。他们的决定一经作出，在事业上就能够毫不犹豫地付出。要么是东奔西跑地忙于事务，要么是疲惫不堪地躺着。

这种类型的人内向细腻，情感的细微变化常不被人注意，但是他们对事物的直觉较好。不会向一般人解释自己的直觉或者对事物进行的推理分析。不过对处于发展阶段的一项活动，他们不被人注意的潜在能力便会促进这项活动深入开展。这种类型的人经常一人同时从事多种活动，而且善于较好地控制局面。

他们很难适应别人制定的时间表，而且很不喜欢遵守规程。因而，这类人应做那种能胜任的、有创造性的工作。遭遇困难时，这种类型的人会想出许多新奇的主意，找到解决问题的办法。如果身旁有一位属马的人做帮手，便可以将那些棘手的事情交给他们处理，定能成功。只有给他们更大的自由权，这种类型的人才会取得大成绩。但切记要时时加以督促，才不会使这种类型的人懈怠。

他们天生活泼乐观，积极向上，喜好玩乐，是个十足的乐天派人士。待人慷慨大方，办事利落干脆，善于外交辞令，洞察能力超强，性格诡异多变，脾气暴躁。他们做事都有主见，富有生机，不喜欢依赖别人。做事井井有条，天性聪明，活泼好动，热情奔放，时尚个性。但是常常听不进去他人意见。对异性有一种莫名其妙的吸引力，但是他们感情很专一。永不服输，即使遇到十分困难的工作，或者各种压力，也会凭着自己的实力解决问题并达到十分完满的效果。

在与别人说话时，要用自身强有力的语言来感染其他人。与其他人交谈的过程中要有非常饱满的精神状态，并一直持续到讲话结束，而且声音要非常洪亮，语调抑扬顿挫，这样才能引起很多人的共鸣，达到说话的最佳效果。

FBI认为，那些在谈话过程中拉长声音且说话声音非常小的人，不能展现出其内在的气势，只能让对方占据话语的主动权。想要对方感觉到自己的气势，在与人讲话的时候不仅声音要洪亮，而且话语也要简短有力，虽然简短的话语有的时候并不能表达出全部的意思，但是却可以让对方感觉到你无处不在的气势，并被这种气势感染。

表情和姿势是控制
对话的有效方式

很多人都有这样的体会，当在和别人交谈的过程中如果不想继续交谈下去或者对交谈的内容表现出不耐烦情绪的时候，人们往往会通过表情和身体的姿势来表示对交谈的不感兴趣，通过这样的方式，可以控制住对话的进展，并能够让对方知道这个信号背后的含义。

FBI认为，控制对话好比是在踢一场足球比赛，在比赛的过程中，如果总是把球踢偏的话，队友就不可能接到球；如果比赛的时候，总是由一个人传球，不注重团队间的配合，那么就很难赢得比赛的胜利。FBI告诉人们，和别人对话的过程中，调整和控制对话是必须做的一件事情，当在对话的过程中遇到和自己思想相抵触的言语时，要通过运用表情和姿势的变化来控制住对话，通过这样的调整可以使对方在接下来的谈话中放低说话声音、收敛说话时的态度以及结束对话。而如何通过表情和姿势来控制对话，是很多人都想知道的问题，也是人们一直在探求的问题。对此，FBI从社会环境出发，总结出几种不同情况下如何做到用表情和姿势来控制对话的方法，或许这些方法可以带给人们一定的启发。

（1）让对方直入主题并加快谈话的语速

很多人对谈话总是慢条斯理、不直接进入主题的人感到很无奈，因为他们没有过多的时间和精力去听那些没完没了的话。FBI认为，在这种情况下，可以用快速向说话者点头的动作传递信号。当这个动作传递给说话者的时候，说话者也会得到应该快速谈话并尽快直奔谈话主题的信号。

这样的人大多有强烈的自我优越感，对其他人不太尊敬。他们是极端自私自利又非常爱慕虚荣的人，他们总是从自己的利益出发，很少考虑别人的得失。因此，他们都有很强的嫉妒心理。每当别人有进步或别人有的东西他们没有时，这种嫉妒心理便会不可抑制地表现出来。有强烈竞争意识的他们善于隐藏自己的想法，善于暗地里制订自己的行动计划。在寻求财富增长、家庭美满和事业成功方面都表现得比其他人好，而且很多情况下比其他性格的人更胜一筹。虽然他们有时候会表现出害羞的表情，但是心中却藏着坚定的想法。他们虽然表面上不表现出来，但是内心对自己的聪明、勇敢还是很欣赏的，尤其是当他们在事业或者其他方面取得一定成就的时候，那种志得意满就会更加明显。乐观开朗的他们会毫不掩饰成功后的欢乐和骄傲，也不对骄傲的言行加以任何掩饰，他们会大方地认为别人比不上自己。因此，他们也常常会遭到其他人的反对和厌恶。但他们对此并不在乎，只为了自己的目标前进。敏感的他们有很强的自我保护意识，当他们被围困时，会使出一切手段，果断地迅速突围。一般来说，他们做任何事情都非常谨慎，不过在遇到不断袭扰时也会勃然大怒。

由于他们聪明机巧，爱出风头，有领导能力，是天生的领导人才。不过，其锋芒毕露有些傲气凌人，因而容易引起别人的反感，尤其是在与人谈话过程中不会主动中断谈话而会一直进行下去，进而给别人带来不好的印象。

FBI认为，如果当别人根本没有意识要停止住谈话的时候，你也没有做出控制谈话的动作，那么这个人根本不会主动停下来，还会感觉到"你的谈话非常有意思，愿意继续听下去"的信号。

（2）把话语权交给对方

FBI认为，开朗乐观的他们有进取心，人际关系和谐，善于交际。遇到自己感兴趣的事时，会用尽各种手段来实现自己的愿望。对自己不愿做的事，也总是以借口推辞。人们不会知道他们的情绪变化，除非是触犯了他们的底线。总之，他们善于解决矛盾，使周围的环境更加和谐。表里不一的他们克己的外表和内心的主见往往不一致。遇到害怕的事情时，他们会变得强硬，尽管内心恐惧。争辩不下时，他们忍受不公对待，但是不愿将自己的想法加以阐述。他们在外表不争和内心的坚持之间徘徊。他们大多在童年时代生活较为快乐，常受父母娇惯。性格忧郁、多愁善感的他们看问题时目光也总是悲观的，把事情想得很坏。如果有人用强烈高昂的情绪去驱散他们内心的阴暗，那么他们也会随之高兴起来，他们周围热情的人都会给他们支持。他们也希望周围能有更多开朗乐观的朋友。

这样的人廉明公正，个性耿直，心直口快，说话欠考虑。对朋友尽力尽心，所以能得到朋友拥戴。不仅如此，他们往往对周围人的请求也从不推托，颇具绅士名流和善心人士的风度。可是，假如自己的付出得不到应有的回报，他们也极有可能将和气的态度收纳起来。他们不仅性格温和，有责任感，有舍己为人的精神，而且心胸宽广，不拘小节。如果其是一位经理或者是部门主管，对下属所犯的过失常常不会太计较，反而还会使用巧妙的方法让下属自行反省。如果朋友遇到困难意志消沉，他就会表现出自己爽朗的一面来鼓励朋友，以使朋友勇敢地面对困难，进而将困难尽快地化解掉。虽然这样的人在公司里有很好的人际关系，同事都愿意和他做朋友。但做事不够果断，总是考虑别人的感受，因此不能够将自身的能力完全展现出来，所以常常不能得到老板的赏识。因此要做到更加独立，果断行事。

他们会用小聪明弥补自己少有的缺点并善于利用巧妙的方法和技巧获得自己渴望得到的东西。他们很有信心达到目标，人们常常低估他们，因此在较量中常常失败。他们诚恳、镇定的态度，对于摧毁其他对手心中的强大堡垒十分奏效。他们即便在谈判中为自己辩护，仍能够以那真诚感人的态度获得人们的信服。

在与别人谈话的过程中，要一直观察别人的变化，谈话不是一个人的事情，是需要双方充分沟通的。比如，降低说话的音量、眼睛开始下垂并示意对方发言，这些都可以把说话权交给对方而中止自己的发言。

(3)对方谈话过于频繁，想让他停下说话

FBI观察到有这样一种人他们自认为是挽救世界的英雄。现实点说，这种人的特征是外表看似激进、自命不凡，内心却保守、拘泥于传统。他们的性格基本分为两类：一类人爱说话，总有不少没用的话，而且脾气暴躁；另一类人有较强的洞察力，善察言观色。这两种性格的人都让人很难接受，而他们最令人反感的地方就是说起话来没完没了。

胆大勇敢的他们对看不惯的行为敢于正面指出，严厉批判，而且他们都是对事物过分挑剔、追求完美的人。对于幸福，他们能够主动去追求，但是他们过分追求完美，即使得到了想要的东西，也不一定很满意。他们组织能力强，严肃认真，待人直率，处事果断。他们常常能够在一个部门担任领导职务，并能够在这个职位上做得很好。虽然能够得到领导的赏识，但对同事不能够做到帮助和关心，因此人际关系并不好。放荡不羁的他们对理论性较强的问题很反感，对那些处理任何问题都要按确立的章程去落实的人，常常不屑一顾。他们内心都非常骄傲，他们具有天赋，但是过于理想化，不切合实际。

他们会在自己力所能及的情况下尽力去帮助别人。只是他们的活力让他们太想显示自己。他们很关心自己的家庭，努力维护自己的一席之地。他们常能使大家庭中的成员在自己的帮助下工作得更好。对那些占据自己位置的人，他们会采取不友好的态度。好斗的他们总是与人吵架，总想显示自己的知识渊博，从不顾及别人的感觉。但即使斗败，他们也不会消沉。他们就是想向每个人诉说他们的观点，使人们相信他们，并站到他们这边来。

这样的人无法忍受呆板而单调的工作，他们更加愿意从事有创意性的工作，那些所谓的例行公事，在他们眼中无异于自虐。他们一旦发现自己从事的工作缺乏挑战性时，就会立即另谋别职，还会强迫自己置身于麻烦中，努力从逆境中建立起自己的基业，甚至干脆放弃已具规模的事业重新奋斗。可以说，任何使他们的才能面临全新考验的工作，都能满足他们对工作的需求。他们的时间观念很强，讲义气、守信用。不会从事轻松和容易应付的工作，他们只有在面对困难的时候才会激发出斗志。好动不耐静，为人处世重信誉。具有大将风度，在问题的处理上，忍耐力强，沉稳、有恒心。他们善于交际，所以朋友较多。不过，在事业上虽然因为聪明能够应付工作，而且能很好地完成任务。但是说话太过直接，不怎么进行思考。即使是看到领导有什么错误，也会在公共场合毫不顾忌地说出来。因此从某些方面来说这对他们的发展存在一定阻碍。

FBI认为，如果对方讲起话来无休止，可以尝试将手指的中指向上指，通过这个动作表达出"你应该停止说话了，我已经不耐烦了"这样的信息。这样的手势也可以让对方感觉到谈话确实需要停止了。

如果能巧妙地借助表情和姿势控制对方的谈话，那么就可以有效

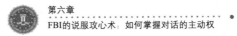
地把握住谈话，使谈话完全掌控在自己范围内。FBI告诉人们，不管在任何场合都可以借助这种方法，让自己真正控制好谈话，让谈话按照自己的意愿进行。

5

通过对比的方式让
对方摸不清头绪

何为对比？FBI认为，从心理学角度出发，对比就是从实际环境出发，通过运用不同的表现方式与沟通技巧，让对方摸不清所要表达的真实想法，从而实现掌握话语主动权的效果。人们经常有这样的感受，面前放着一盆冷水和一盆热水，如果把手放入到冷水中，5分钟后再放入热水中，手一定会从冷变成热；相反，如果先把手放入到热水中，然后再放入到冷水中，手会由热变冷。FBI习惯把类似于这样的效果称为对比。

当人们在吃水果的时候，会品尝到水果的香甜，如果在这些水果里撒上一些胡椒面的话，这样的水果不再香甜，而是伴有一种令人作呕的味道。这也是甜味与令人作呕味道之间的对比。有些时候，通过对比还可以得到别人的帮助与许诺。比如员工想和领导请假，如果直接和领导说"因为某某原因想申请带薪休假"，领导可能会说："最近公司业务比较忙，也缺少人手，还是等一段时间再去休假"之类的话来拒绝员工的请求。而有经验的FBI告诉人们，遇到类似事情的时候应该和领导这样说："最近发生了一些事情，想找个时间和您好好研究一下这个问题，希望能引起您的重视……"此时的领导被这样的话弄得紧张起来，神经也开始紧绷起来，于是他很担心地问员工："到底怎么回事？"当领导进入到员工设下的"陷阱"以后，便对领导说："这个月想把剩余的年假休完。"当听完这些话以后，领导紧绷的神经也开始松弛了下来，口中还说道："还以为发生什么事情了呢，就这件事啊，好了，批准你去休假了。"

FBI通过长时间对人们的观察发现，会运用对比方式的有以下两种人：

（1）直率开朗的他们为人仗义，做事认真，而且热爱学习

因而，他们常常能引起别人注意，成为众人瞩目的焦点，尤其能得到异性的关注。他们虽外表看起来情绪高涨，可内心在一定程度上却是消极的。他们也会为那些不必要担心的事情而焦虑，担心世界上每个角落都可能有危险出现。而有时候，他们的预感真的会成为现实。乐于助人的他们知道别人有了困难，需要自己帮助，就会毫不犹豫地前来相助。多数情况下，他们保护这些人的利益比保护自己的利益更卖力。他们从不对人大发脾气，即使是对人们的某些言行举止不满，也不会对人过分指责。

敏感警觉的他们常常会为社会公益事业作出贡献。他们精力充足，即便遇到自己不能力所能及的事情时，也会通过自己的建议给予他人帮助，作出自己的努力。这样的人不喜欢和人竞争，也不大愿意出风头。

沉默含蓄的他们将自己的抱负埋在心底，默默地从事自己喜爱的工作。有着坚定信念的他们一旦对某人产生了看法，一般人很难使他们改变。只要在责任范围之内，他们仍愿帮助那些人工作。他们有较好的忍耐力，只要有自我的想法和目标，就能够克服一切困难坚持到最后。这样的人不会奢求一夜暴富或一步登天，他们总是埋头苦干，按部就班地朝着既定目标前进。一旦下定决心，就志在必得。安全感和稳定的收入，是他们选择职业时首先要考虑的条件。拥有温顺、善良的性格，当朋友有困难时，往往会同情对方，设身处地为对方着想，但不会马上付诸行动，而会酌量情形，在最适当的时候给予帮助。

（2）他们好吃懒做，性情较为温顺，因此常常能够受到其他人的喜爱

通常，这样的人也会因温顺而受人们喜爱。此外，他们一样只求世间平安，与人为善。当然，这样的人被逼到一定程度时，也会与人斗争。但他们不记恨人，能够较快地忘记仇恨。

这样的人虽然表面上看起来愚钝，但实际上他们很有智慧。而且，这样的人懂得用容忍的态度保护自己的利益。当有人欺负他们时，他们还会再自动递上一条鞭子。当别人因此而得意时，却早已陷入圈套，不能自拔了。诚实善良的人为自己辛勤劳作的成果而自豪，很少成为骗子或小偷。而且，这种人的内心还隐藏着一股坚定的力量，只要有机会，他们就会发愤图强，实现宏伟之志。不过，他们不会为了自己的进步而损害别人的利益。热情开朗的人总能够给别人带来快乐。他们总能以充沛的精力与耐力进行工作，这一点很少有人能做到。而且，他们喜欢不受限制地享受生活中的所有乐趣，对待未来和现在都非常乐观。但他们没有主见，总是听从别人的意见来决定自己的事情。

这样的人从不斤斤计较，对别人的错误也经常采取既往不咎的态度。因此，他们总能与人保持亲切的关系。不仅如此，这种人还总是以忍耐精神来完善自己，并以这种精神坚持不懈地工作。

他们无论是经商者还是打工族，精神都会异常饱满，自信十足，冥冥之中，还会有贵人相助。工作得心应手，唯一需要克服的就是骄傲自满的心理。他们可以在商界获得巨大成功，一旦下定决心，就志在必得。而且，他们中的一些人还具有音乐方面的特长，有成为音乐家的可能。

FBI对他们的评价是：守信用，心胸广阔，知恩图报，为人和气，对朋友特别照顾，乐于帮助他人。不爱多管闲事，但生性懒堕，不够积极。做事负责认真，很主观，自己决定了的事情，明知会碰上困难也会一意孤行，直至遇到阻力，自己才会后悔。他们具有双重性格，善恶在一念之间，容易受他人的影响。

FBI讲述了这样一个案例：美国一家大型超市的董事长正在开会讨论关于公司LOGO的问题。其实董事长在开会前心里已经确定了一个LOGO，但是为了让大家感觉到民主，仍然向众人说道："各位，今天就LOGO的事征询一下大家的意见，我个人已经选了一个，我的意见是就用这个LOGO，大家觉得怎么样？"

接着董事长又问了其他几个部门主任，大家异口同声地赞赏董事长选中的LOGO。最后问了一名叫斯特朗的部门主管，她是出口部的副主管，因为出口部主任出差，她临时参加会议。

"董事长，我认为您这个LOGO确实不错，但是我们公司用不合适。"斯特朗首先坚决地表明了自己的观点。其实斯特朗凭自己的直觉很讨厌这幅一点艺术水准都没有的画。可是当董事长要她陈述理由的时候，她没有把真正的理由说出来。聪明的她想了一个绝妙的借口，她说："其实我也很喜欢这幅画，只是考虑到这幅画给别人的感觉恐怕不是太好，虽然它体现了公司的文化内涵，但却与国际文化环境格格不入，如果以这个LOGO作为我们公司的标志，那么我们的订单不会增多，就连以前订的货都可能被退回。国际上怎么会容忍一个不伦不类的LOGO出现在市场上呢？况且全球经济处于回暖阶段，各国对商品文化的要求也越来越高，如果用一个不能体现国际文化的LOGO，我们还能占领全球市场吗？您觉得呢？"

董事长思考了一下，被这位部门副主管的陈述折服了，欣然采纳了这位部门副主管的意见，更换了LOGO。半年后，这位部门副主管当上了出口部经理。当然这不仅仅是因为她的独到见解，而是因为她用巧妙方法对上司说的话进行分析，并让上司接受她的意见。

FBI认为，人们应该学会使用灵活的语言巧妙地进行对比，这样既能坚守自己的原则，又不伤害对方的感情，使他人能够高高兴兴地接受你所表达的每一个意见或建议。通过对比的方式可以委婉拒绝某一件事情，比直接拒绝的效果要好，也不会让双方处于尴尬的境地。

语言是保护自己和维护
自己最有利的武器

FBI认为，人们在社会中难免会听到别人一些侮辱性的语言，这些侮辱性的语言是伤害和贬低人们的无形武器，它可能来自上司、同事、朋友，甚至可能来自家人。有些是无心的，在谈话中被随便、轻松地带出来。人们如果不能忍受这些侮辱性的语言，就很容易坠入反唇相讥的恶性循环之中。其实人们还是有办法让自己避开那些伤人的恶语，同时体现出自己的语言魅力，维护自己的尊严，也拥有好的人缘。

(1)找到问题的根本原因，并理性思考

人们应该明白，有些侮辱性语言是无心的，因为有些人天生就是"刀子嘴、豆腐心"，他们说话时口无遮拦，大脑还没有想，恶语就从嘴里蹦了出来，甚至很多时候自己都不知道在说什么。面对这类人说的侮辱性语言，人们应该采取置之不理的态度，或者用幽默的语言回击，先让对方回不过神来，等明白是在挖苦他时，人们早已走远。有人嘲笑一个人新买的家具："您这是新买的家具吗？样式太俗气了，一点儿也没有品位。"这个人回答得很巧妙："哦！是吗？那就请尊驾解释下什么是品位。"由此可见，机智的语言可以化解尴尬。不要太较真，幽默的态度和机智的语言，往往是对付侮辱的有力武器。

(2)直截了当不要回避

对于那些有意使用侮辱性语言的人，最好的办法是不要回避，你可以直截了当地反问对方："你知不知道，你的话别人听起来是什么感受？"也可以直接要求对方解释："你这话是什么意思？"或者"我想搞清楚，我有没有听错你的话？"这样一旦对方知道你看穿了他，他就会觉得无趣，不会再骚扰你了。FBI认为别人说什么，你不必动怒，进而顺着他的意思说下去，直到让他无话可说。这也是一种巧妙的抗拒方法。

(3)以微笑面对侮辱性的语言

当人们听到侮辱性的话是冲着自己来的时候，只要想一想那句话并没有什么实质性的意义，不妨平心静气地给对方一个微笑，这种微笑传达给对方几层意思：第一，你有没有觉得自己很无聊；第二，你知道你在说什么吗？不要以为对方不知道，希望你以后不要说类似的话；第三，别人对你说这样的话你会怎样？如果你担心仅是一个微笑不能完整地表达这些意思，那么在微笑之后不妨将这些话直接表达给对方。

(4)先道歉，然后巧妙地反问对方

军官在给新兵军训的时候，突然有一个新兵内急，想去洗手间，于是就说："长官，不好意思打断一下，一会儿就来。"谁知军官突然火了，冒出了一句话："不知道你父母是怎样教你的！"话语之中牵扯到父母，这是件很令人恼火的事，但是新兵并没有因为父母受到了指责而生气，毕竟军官和自己的父母无冤无仇，并不是真正侮辱自己的父母，而是讲解被打断，军官感到十分恼火而已，军官发火的原因是认为那个新兵对他不礼貌。

在这种情况下，新兵有些装傻充愣地反击道："哎哟，不好意

思，长官，我是爷爷奶奶带大的，你能告诉我你的父母是怎样教你的吗？我想好好学习一下。"

FBI认为，公然直接侮辱人的话不论怎样都有一个共同点：说话的人当时很冲动，你不能因他的一句辱骂而变得像对方一样失去理智，双方都失去理智的结果只能是引发一场争吵。应对这种情况的基本对策是保持冷静，这样才能够巧妙地反戈一击。看看下面的例子：

一个人在和同事讨论工作的时候，同事突然说了一句话，"说话之前最好过过脑子。"这句话让她一时有些无法接受，可是她仔细想了想，认为同事并不是有意辱骂她，只是在不赞同自己观点的时候，一时语言失控。自己以后还得与同事共同工作，如果反唇相讥，就会破坏目前的和谐状态，只恐日后没法合作了。想到这儿，她的心情平静了下来，但她转念一想，如果就这样默默地承受，以后同事把自己当做出气筒怎么办？

她前两天在朋友家认真听取了朋友的建议，并且提供了几种解决方案，正好可以供她选择：

第一种解决方案，把回答放在时间问题上："唔，那么'说话以后'该怎样呢？"

第二种解决方案，接受同事的"好意"："好，我尽力而为就是。不过我一向在说话之前先动脑子的。"

第三种解决方案，采取幽默的办法，为自己打抱不平："可是说话之前我动脑子了，你却没动，对我是不是太不公平了，以后我们都过一下脑子再说话就公平了。"或者说"总是我一个人过脑子，冷落了你，太失礼了。"

第四种解决方案，报以微笑，然后默默不语，如果他不耐烦了，想再说什么，你就打断他："嘘……我正在动脑子呢！别打扰我。"

她想了想，决定选择最后一种，她感觉最后一种方式在自嘲之中带有不露声色的反抗，一方面比较有利于给同事一个台阶，以便今后共事；另一方面表明自己对他侮辱性语言的不满。当人们学会有技巧地化解尴尬时，就掌握了运用语言的最高技巧，也就学会了圆滑处世，而只有懂得圆滑处世的人才是离成功最近的人，也是在人际交往中障碍最小的人。

FBI认为，在社会中，为了生存每个人都离不开说话。然而，在一定的场合真正会说话、敢说话、把话说得恰到好处的人却并不多。很多时候，人们要想获得某方面的成功，就必须学会说话，并借助于语言的力量保护自己。这里提到的会说话是掌握一些与人说话的方法和技巧，并把语言当成保护自己的武器。只有这样，说话能力才会得以提高，才会在与别人说话的时候最大程度地得到别人的认可，进而达到自己的某些目的。可以说，在社会中占据一席之地、取得事业成功的人们多数都很会说话。

毕竟语言是人与人之间互相连接的纽带，而且这一纽带质量的好与坏，可以直接决定人际关系的好坏。更为重要的是说话的质量可直接影响到一个人的事业发展，甚至可以影响到一个人的人生幸福。卓越的口才、有技巧的说话方式，不单单是事业上所向披靡的利剑、获得家庭幸福的一大法宝，更是增加自身魅力不可缺少的重要砝码。

虽然一个人的外表至关重要，可是人们也千万不要忽视了自己的口才。要知道，出色的人多数都具备极好的口才，或许这就是他们之所以很出色的最大原因。

可以说，让自己所说的话得到听者的认可，那么你就要在说话的时候融入温和、友善的态度。如果在与人说话的时候融入温和、友善的态度，所有的事情解决起来就会轻松许多。通常，只要说话的双方在说话的时候能够保持温和友善的说话态度，不论说话的双方处在怎样的境况之中，都易于双方的思想交流。而有了思想的交流之后，最终双方就可在某些事情上达成共识，进而使双方达到共赢的目的，皆大欢喜。很多时候，人们用咆哮的话语无法解决的问题，用友善、温和的话语就会轻松地解决掉。

　　FBI通过事实证明，人们在社会交往中都渴望得到别人的尊重。这是一种心理上的需要。而身为领导的你对这点尤其看重。因为领导在作出决策的时候是孤立的，他们对于一项决策能否取得成功心里也没有底，他们的内心往往是焦虑不安的。这时，人们如果用漂亮的话去肯定和支持他们，维护他们作为领导的尊严，很容易就会成为领导的贴心人，从而踏上成功的跳板。作为一个聪明的人，要想做领导的贴心人，就应该认识到，领导的尊严是不容侵犯的，颜面也是不容亵渎的。在领导理亏时，应该学会不留痕迹地给他留个台阶，要知道，当众纠正领导的错误远不如私下里的婉言提醒好，消极地给领导保面子不如积极地为领导争面子。这样做不仅得到了领导的好评，还可以有效地保护自己的利益。FBI总结出语言是保护和维护自己最有利的武器，是人们在社会中生存所必须具备的东西。

7

学会让别人愿意倾听
并得到别人的认可

　　人们在社会交往中，当面对一些人演讲的时候，如果希望自己的讲话能得到别人的认可或关注，那么必须要表现出对谈话内容足够的真诚与重视，并且能够从倾听者角度出发，通过他们的行为举止观察他们内心情绪的变化情况。让他们感觉听你讲话具有一定的价值性，并让他们对你的讲话内容产生兴趣，这样的话就可以得到别人的赞誉与认可。

　　FBI认为，在与其他人沟通的时候，要掌握一定的技巧，让别人能真正倾听你的讲话，让你的讲话内容吸引他们，这样不仅可以引起他们的兴趣，还可以让他们成为你最忠实的听众。如何做到这一点呢？FBI认为，做到让别人愿意听你讲话是需要学习的，按照以下的方法去做，可能会带来一定的启发。

（1）学会用衬托

　　人们都有这样的体会，在工作中领导让你计算一个数据的时候，如果你只是简单地用具体数值，比如"45%"、"1/3"之类的数值的话，老板可能会不满意，因为老板不光要看一个具体数值，还要看这个数值在总数值中的情况。FBI认为，遇到此事，应该用衬托的方式来体现。例如，公司甲占的股份是45%，公司乙占的股份为15%，其他公司占的总比例是40%。这样不仅使数值更加清晰明朗，还可以让老板感觉你是个办事讲究效率的人。

这样的方法在销售行业中同样适用。销售员向客户销售产品的时候如果只是拿着单一的数据去和客户谈，客户可能会没有耐心听下去。而当销售员借助衬托的方式，把他销售的产品同其他公司产品作比较，并把市场销量和客户口碑等众多数值呈现在客户面前的时候，客户可能会被这些数值吸引，从而购买你的产品。因为这样可以使客户很清晰地看到该产品同市场上其他产品的区别，这样有助于他们快速选择商品。

（2）学会预先告知，让对方有个心理准备

FBI研究指出，人们在相处的过程中注意力不会持续太长，太长的话可能会使人们失去耐心。FBI告诉人们，和别人沟通的时候一定要有时间概念，如果持续时间太长的话可能不会达到满意的结果。时间长了以后听者可能会出现情绪烦躁、左顾右盼的情况。毫无疑问，这意味着你的话没有打动他们的心，更谈不上得到他们的认可了。这种情况经常会出现在销售行业，如果在最初的几分钟内没有得到别人的认可，就算你再施展自己的口才，别人都不会感兴趣，你的销售也会以失败告终。

为了避免这种情况，FBI认为，在讲话过程中要学会预先告知这个技巧。观看电视的时候会发现，电视中会预先把接下来要播放的节目内容事先公布出来，例如，19:30《动物世界》，20:30《科技博览》，22:00《古今探秘》，如果没有这些预告的话，人们可能不会关心下一时段会播放什么电视节目。在这些节目中有的节目可能是人们所喜爱的，于是人们为了观看自己喜欢的节目而选择了等待，这就是简单预知的效果。

FBI认为预知效果在工作或生活中非常常见，学会预先告知的技巧可以牢牢地抓住听众的心。预先告知的技巧运用在招商引资的时候会达到非常好的效果。在招商引资中，投资者不喜欢浪费太多的时间听没有价值的谈话，他们最关心的是投资方面的风险与收益等众多问题。这个时候要想让他们快速作出投资的计划就必须要学会预先告知的技巧。在和他们交谈的时候，可以把谈话的内容事先告诉投资人，可以这样说："很高兴您来到这里进行投资，在您选择投资之前，有必要用五分钟时间介绍一下这个投资的前景，用十分钟左右的时间向您报告一下投资面临的收益和风险等问题，最后会用十五分钟的时间和您探讨下投资方面的主要事项等问题"，这样投资者不仅不会产生厌烦的心理，还会很耐心地听你讲话的内容，对谈话内容充满了期待。如果和他们谈话的时候，他们总是抱怨："什么时候能讲完？希望你们尽快作出决定"这样的话，那么一定要改变策略了。预先告知产生的效果还有一些优势，当你预先告知了自己的观点后，别人不仅会感觉受到尊重，还会拉近你们之间的距离，为下一步有效沟通打好基础。

(3)要学会视线的缓慢平移

在同别人谈话的过程中，有些人会把目光紧紧地盯在一个人的身上，这样是不礼貌的；而有些人的目光总是东张西望，这样会被别人认为是心不在焉。FBI认为，视线的缓慢平移是得到别人认可最有效的方式。在沟通过程中，当视线移到一个人身上的时候，这个人会心存感激，认为是对他们的尊重，但是视线停留的时间不宜过长，过长的话反而使这个人感到不自在，从而失去预想的效果。视线继续向另外一个人转移，这个人同样也会感觉"我已经吸引了讲话人的注意"。用视线平移的方法与别人沟通才会使讲话的内容得到别人的关注与认可。

FBI认为，做视线平移这个动作的时候一定要做到：和一个人对视后，首先要向这个人微笑，在得到别人同样的微笑后才可以把视线移开，这样不至于让别人产生不愉快的感觉；当面对的听众比较多的时候，不可能做到对每一位听众进行视线平移，这种情况下可以把视线停留在中间位置，这样可以做到有效的沟通；视线平移的时间不宜过长，一般要控制在十五秒左右，这个时间是根据一个人讲完一句话所需要的时间而得出的结果。

（4）"信息珍贵法"的有效运用

很多人都有这样的体会，老师面对吵闹的课堂时可能会生气地说："不许大声说话了！"喊完的瞬间可能会起到作用，但可笑的是没过多久，学生们又继续大声说了起来，老师很郁闷，愤怒地离开了教室。而用另外一种方法——"信息珍贵法"就可以有效避免这种情况的发生。"信息珍贵法"简单来说就是要让听众感觉到信息的珍贵，让他们不敢错过听的机会。这位老师可以用这样的方法说："这道题目的解答方法我只讲一遍，不注意听的学生要作好留级的准备了。"学生们听完老师这句话后声音会戛然而止。

FBI认为，从某种意义上来说，人们对于那些只说一遍的信息会表现出认真的态度，在他们看来，这些信息都是弥足珍贵的，一旦错过的话就没有机会再听了。所以运用这样的方法作为开场白往往会使人们作好认真听的准备，也能有效地引起听者对讲话内容的重视，从而抓住听者的心。

FBI从犯罪心理学的角度出发，当他们对一名犯罪嫌疑人进行审讯的时候，问犯罪嫌疑人问题以后，犯罪嫌疑人不仅会表现出非常抵触的心理，还会对FBI所问的问题所答非所问，尤其是被问及到和他们有关事情的时候，他们会压低声音，说出一些含含糊糊的话，而这些话正是FBI想弄清楚的，这些话也可以使犯罪嫌疑人露出马脚。FBI

也知道这些珍贵的信息是不容易从犯罪嫌疑人口中轻易得出的，于是他们经过长时间的调查取证，找到了犯罪嫌疑人的犯罪证据，并向他展示出来，此时犯罪嫌疑人只能承认犯罪的经过。

(5)说服难以说服的对象

人们经常会遇到一些对自己谈话不感兴趣的人，一旦这些人顽固起来，无论别人怎样和他们讲话，他们都不会为之所动。FBI认为，有必要从他们的角度出发，对他们发动攻击，并运用心理战术来使他们发生改变。

时间压力是FBI经常运用的方法之一。沟通过程中遇到阻碍、事情没有丝毫进展的时候，不妨用时间压力来解决这样的问题。可以这样说："我想五分钟以后结束谈话"，"你必须在一个小时内给我一个明确的答复"，"一个月以后我还会再来，届时请兑现你的诺言"等类似的话，通过给听众时间上的压力，让他们能够重视和你谈话的内容，并认真思考你提出的意见。

当遇到问题陷入僵局的时候，如果还是想让对方迅速给出问题的答案，这个时候不仅不会得到满意答案还会使对方恼羞成怒，使事态朝着更加严重的方向发展下去。FBI认为，这个时候要学会退让，可以这样说："为了能给双方一个满意的答复，我们还是好好想想再做出决定吧。"这样会使双方紧张的情绪出现缓和并有利于事态的进一步发展。

人们沟通的过程中，尤其是在一些商业谈判中，会因为一个项目的价格问题产生分歧而使谈判陷入僵局，如果继续谈下去也不会有丝毫进展，此时借助其他人的力量来促成谈判是个不错的选择。这个时候这样说："既然我们没有达成一致的意见，要不改天让我们的合作伙伴再去谈这件事情吧。"用这样的方式既不会伤害到双方的利益，也能使谈判有缓冲的余地，利于日后谈判的顺利进行。

FBI认为，除了以上这些方法外，还要学会在交谈过程中不断提醒双方已经达成的共识。很多时候，双方在交谈的时候可能会对一件事情或者一个项目达成一致的意见，可是过了一段时间以后，对方却开始出尔反尔，不同意事先达成的意见，在这种情况下就是缺少有效的提醒。FBI认为，当双方就某事达成一致意见的时候，要时刻提醒这个人尽快签约，只有这样才能真正地把握好事情发展的方向和掌握事情的进程。